VIRTUTE NON VERBIS

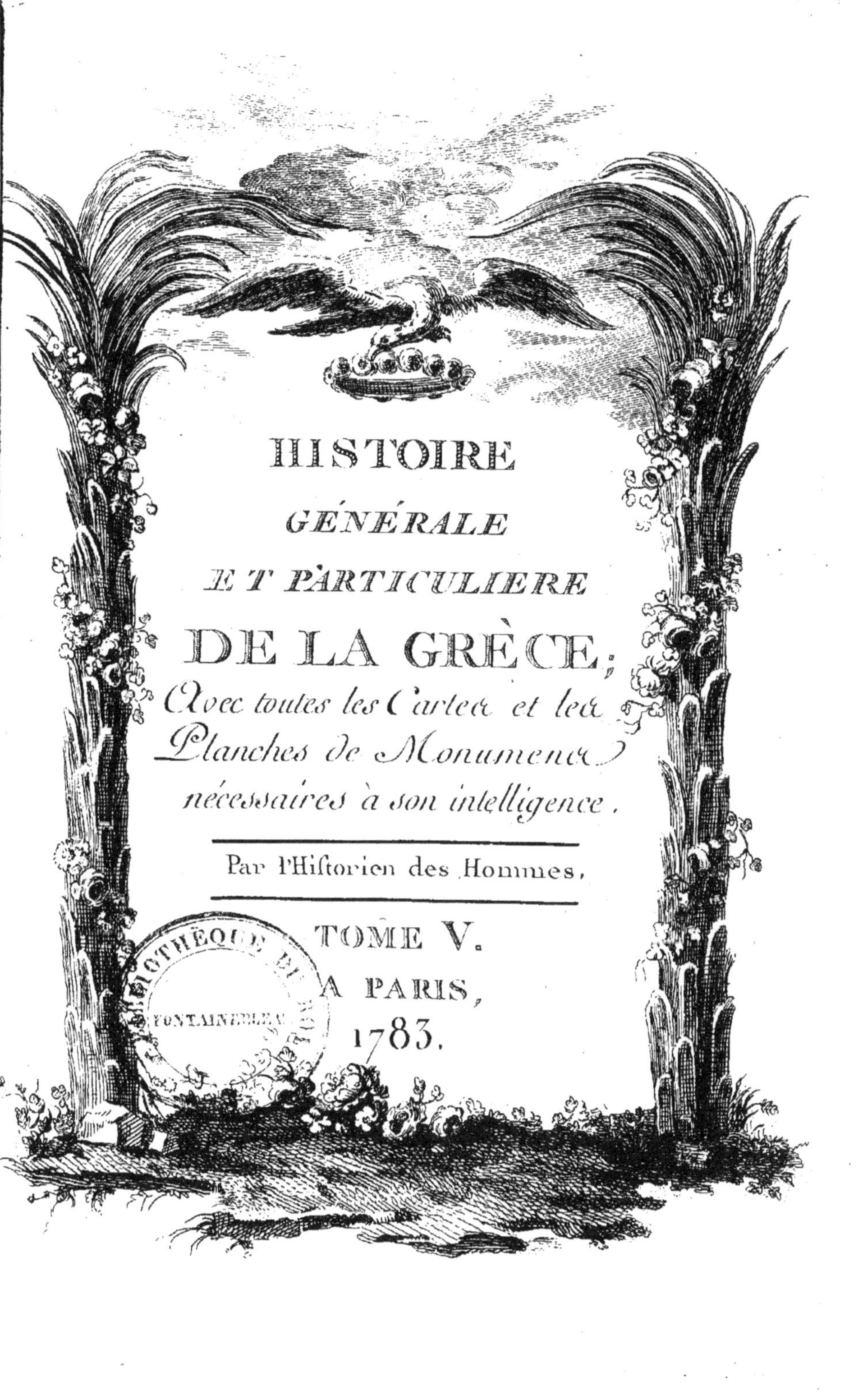

HISTOIRE
GÉNÉRALE
ET PARTICULIERE
DE LA GRÈCE;
Avec toutes les Cartes et les
Planches de Monumens
nécessaires à son intelligence.

Par l'Historien des Hommes.

TOME V.

A PARIS,
1783.

HISTOIRE

DE

LA GRÈCE.

DE

L'ABOLITION DES DETTES,

DONT SOLON FAIT LA BASE

DE SA LÉGISLATION.

IL y avait long-tems que le grand coup porté à Lacédémone, contre l'inégalité,

---

(a) Nous prévenons que pour tout ce qui

avait frappé les bons efprits de la Grèce : on n'y regardait plus ce fyftême de légiflation , comme une rêverie politique , propre à amufer les loifirs des Philofophes ; & la voix publique défignait , à Solon , ce moyen violent , comme le feul propre à ramener la tranquillité dans Athènes. Ce grand homme , tout en adoptant les vues de Lycurgue , vit qu'il n'était pas expédient que les Athéniens devînffent des Spartiates , & il modifia fon plan d'égalité.

Le premier acte de l'adminiftration de Solon , fut le fameux édit de la *Sifactie* , ou de la Loi qui anéantiffait toutes les dettes , & défendait à l'avenir les contraintes par corps. Cet édit , qui fit regarder , par la claffe indigente des Athéniens ,

---

regarde la légiflation de Solon , nos autorités font *Plutarch.* in vitâ Solonis ; *Diog. Laërt.* in Anacharf. & Solon. *Demofth.* , Paffim ; *Plat.* de Legibus ; *Ariftot.* Politic., lib. 2 ; *Paufan.* lib. 1 ; *Ælian.* Var. Hiftor. lib. 8 ; *Pollux ,* lib. 8 ; *Athen.* Deipnofoph. lib. 13.

le Législateur comme le père du peuple,
était fait pour lui donner, auprès des riches, le renom d'un tyran; aussi des Ecrivains, dont l'enthousiasme superstitieux
croyait à l'infaillibilité de Solon, ont
expliqué sa loi de la Sisactie, en disant
qu'il se contenta de diminuer les intérêts
usuraires, & d'augmenter en même-tems
la valeur des monnaies, de manière que
le fardeau des dettes publiques se trouva
allégé, sans que les sang-sues de la nation
pûssent se plaindre qu'on eût attenté à
leurs propriétés; mais cette interprétation
de la Sisactie est purement imaginaire.
Solon abolit réellement toutes les dettes;
il s'en glorifiait lui-même dans ses Poésies;
& puisque cet homme juste ne croyait
point par-là avoir démérité de sa patrie,
je ne vois pas pourquoi on pervertirait le
sens de sa loi, pour justifier sa mémoire.

Le riche & le pauvre sont également
sous la protection de la loi; il n'est pas
permis de manquer à la foi publique,
pour être populaire : si Solon, pour ré-

tablir l'équilibre entre les fortunes, avait été injufte, il faudrait le dire, fur-tout dans cette Hiftoire, où tous les noms s'anéantiffent devant l'image fainte de la Vérité; mais il s'en faut bien qu'on puiffe regarder, comme une faillite nationale, la loi mémorable de la Sifactie.

Athènes, depuis quelque tems, s'enrichiffait par le commerce, & il n'y avait aucune loi de commerce; le luxe gangrénait peu à peu tous les ordres de l'Etat, & on n'avait imaginé contre lui aucune loi fomptuaire; il était tout fimple que dans ce filence de la politique, une barrière immenfe s'élevât entre la partie de la nation qui avait tout, & celle qui n'avait rien; il n'y avait réellement, à cette époque, dans Athènes, que deux claffes d'hommes, celle des grands, qui envahiffaient toutes les fortunes, & celle des gens de bien obfcurs, qui fe laiffaient dépouiller, ou pour parler la langue philofophique, la claffe des oppreffeurs & celle des victimes.

Ce qui rendait la pofition de la multitude bien plus terrible encore , c'eft
qu'obligée de recourir aux fang-fues qui
s'étaient engraiffées de fa fubftance , elle
ne trouva, dans leurs ames endurcies, que
des fecours cruels , qui amenaient le dé-
fefpoir des générations à naître : les Hiftoriens de Solon ont marqué la gradation
de ces mifères publiques. Les citoyens,
qui dédaignaient le commerce , & à qui
cependant l'introduction du luxe donnait
des befoins nouveaux , que leur vanité
les forçait de fatisfaire , empruntèrent
des fommes d'argent à des intérêts ufu-
raires. Hors d'état de s'acquitter aux épo-
ques dictées par l'avarice des Traitans , ils
s'engagèrent à leur payer le dixième des
revenus de leurs terres. Ces revenus
bientôt ne purent fuffire tout entiers à
la maffe de ces dettes , qui s'accroiffaient
fans ceffe , & les terres mêmes furent
cédées aux créanciers. Les infortunés ,
dépouillés de tout , en vertu du droit
que la Nature leur avait donné à la vie ,

demandèrent encore de l'argent à leurs oppreſſeurs, & ſur leur refus, ils leur offrirent leurs propres enfans en eſclavage : cette dernière reſſource épuiſée, ils engagèrent leurs propres perſonnes ; car dit en propres termes Plutarque, *il n'y avait point encore de loi qui défendît ce commerce d'hommes.* Ces abominables marchés étaient acceptés par les riches, qui envoyaient vendre, dans les pays étrangers, les enfans de leurs concitoyens, & leurs concitoyens eux-mêmes, ou bien qui ſe les faiſaient adjuger en qualité d'eſclaves.

Il eſt évident que l'oppreſſion publique une fois parvenue à ce période, il fallait des remèdes violens pour empêcher la diſſolution de l'Etat : mais en politique ce qui eſt violent n'eſt pas toujours injuſte, & un voile, jetté une fois ſur les ſtatues des Dieux, ne prouve pas qu'on a cherché à les anéantir.

Si, dans un Etat qui ne pouvait ſe régénérer comme Lacédémone, Solon, le glaive de la loi à la main, avait enlevé aux riches leurs propres patrimoines; pour en faire un nouveau partage, il aurait été à-la-fois violent & injuſte ; mais il ſe contenta d'ôter à ces tyrans de la nation, ce qui ne leur appartenait qu'en vertu d'une convention abſurde qu'aucune loi ne peut légitimer , & alors il fut violent ſans être injuſte. C'eſt dans cet eſprit qu'il faut enviſager la fameuſe loi de la Siſactie.

L'Hiſtoire nous apprend que les dettes du peuple d'Athènes étaient uſuraires; les intérêts des ſommes prêtées étaient montées, par le laps du tems , au-deſſus des capitaux ; l'eſclavage des hommes libres était devenu, par l'avarice financière , un des ſignes repréſentatifs des échanges; le deſpotiſme même, en attaquant ces abus, devenait juſte : couper l'arbre empoiſonné par le pied , était rendre ſervice au propriétaire même qui repoſait ſous ſon ombrage.

Il fallait que la Siſactie , d'après la

poſition terrible d'Athènes, fûr une loi
bien ſage, puiſque, malgré les abus qui
ſe gliſsèrent dans ſa promulgation, malgré
les murmures de la partie la plus puiſſante de l'Etat, on ſe réunit bientôt à la
regarder comme un monument de génie
& de bienfaiſance : tous les ordres de la
République, raſſemblés aux pieds des
autels, y offrirent, en reconnaiſſance,
un ſacrifice, auquel ils donnèrent le
nom de cette Loi tutélaire, & on confia
au Sage qui l'avait imaginée, le pouvoir
ſuprême dans toute ſon étendue, afin
que rien ne circonſcrivît ſes grandes vues
de législation.

DÉMOCRATIE

ÉTABLIE DANS ATHÈNES.

LA loi de la Sifactie conduifait évidemment à introduire dans Athènes le
Gouvernement populaire ; & Solon, à
cet égard, ne trompa point l'attente de
fes concitoyens.

Sa première opération politique, fut
de claffer le peuple qu'il allait rendre
Souverain. Il fit un cadaftre général pour
évaluer les biens de chaque habitant
d'Athènes, & il en réfulta une divifion
en quatre tribus ; la première fut celle
des citoyens qui avaient de revenu
annuel, cinq cents mefures de grains
ou de fruits ; la feconde, de ceux qui
n'en avaient que trois cents, & à qui
cependant ce patrimoine fuffifait pour
entretenir un cheval en tems de guerre.

Le Législateur composa la troisième, de ceux qui ne retirant de leurs terres que deux cents mesures, ne pouvaient remplir leur service militaire que dans l'infanterie. Il renferma dans la dernière les artisans, & toute la partie du peuple qui vivait du travail de ses mains. Cette dernière tribu ne pouvait aspirer aux charges, son éducation peu cultivée ne la rendant pas susceptible des grandes vues d'administration ; mais elle opinait dans les assemblées nationales, où il ne faut, pour être à sa place, qu'un sens droit & l'instinct du patriotisme.

Le pouvoir suprême appartenait, dans Athènes, au peuple assemblé ; c'est lui qui nommait ses Représentans, il faisait la guerre ou la paix ; & comme les loix de Solon étaient écrites avec obscurité, on avait, à chaque instant, besoin de son intervention pour décider en dernier ressort du sens qu'on devait leur donner. Tous ces priviléges réunis, constituent la vraie démocratie.

Mais le Gouvernement populaire a befoin d'un frein, pour ne pas dégénérer en licence. Solon trouva ce frein, & il s'en applaudit dans un de fes Poëmes. „ J'ai donné au peuple tout le pouvoir „ que demandait le foin de fon bonheur; „ mais je l'ai circonfcrit dans de juftes „ limites, pour qu'il ne devînt pas op- „ preffeur; après avoir garanti la mul- „ titude de la tyrannie des riches, il „ fallait bien garantir les riches des „ infultes de la multitude. Mon but a „ été de faire de la loi un bouclier uni- „ verfel contre les attentats de la vio- „ lence, & fi toute propriété eft facrée, „ mon but eft rempli ".

Le premier furveillant que le Légif-lateur donna au peuple, fut le fameux Tribunal de l'Aréopage : nous avons vu ce corps de Sages humilié par Dracon, parce qu'il ne fe ferait jamais prêté à l'exécution des loix de fang que fon def-potifme féroce avait imaginées. A l'avè-nement de la douce humanité dans

Athènes, cette compagnie illuſtre reprit tous ſes droits; Solon, qui ne craignait point d'être éclairé, parce qu'il cherchait moins à être admiré, qu'à être utile, la conſulta ſur ſon code, & quand il eut ſon ſuffrage, il la chargea de le faire reſpecter aux générations à naître, comme ſi c'était ſon propre ouvrage.

L'Aréopage ſeul était un tribunal trop pacifique pour enchaîner les Athéniens, qui, fiers de la loi de l'abolition des dettes, ſe regardaient déja comme un peuple de Rois; Solon, qui voulait ſauver aux ſiècles futurs l'ingratitude de la patrie envers ſes grands hommes, créa une nouvelle barrière à la licence des démocrates, en créant le grand Conſeil des Prytanes.

Il y avait, au centre de la ville, un terrein immenſe environné d'édifices publics, & décoré des ſtatues des Dieux, des athlètes vainqueurs, & des grands hommes: on l'appellait le Prytanée: Solon y établit un Sénat, compoſé de quatre cents Membres , tirés par nombre égal , de chacune des tribus ; on rapportait devant lui les affaires , avant que de les propofer aux Etats - Généraux ; ainfi le peuple ne ftatuait que fur les chofes qu'on ne croyait pas hors de la portée de fon intelligence.

Le grand pouvoir dont jouiffaient les Prytanes, rendait la nation très-difficile fur leur choix : il fallait une vie irréprochable , pour être admis dans cette compagnie : un citoyen qui avait diffipé fon héritage , qui avait manqué à fon père , qu'on avait feulement furpris dans l'ivreffe , en était exclu à jamais : le Cenfeur de chaque tribu avait un tableau qui contenait le nom de chaque citoyen, avec des notes fur fes mœurs, & ce tableau décidait de fa deftinée , quand il fe préfentait aux charges du Gouvernement.

Dans la fuite , la population de l'Attique s'étant accrue , on divifa le peuple en dix tribus , qui fournirent un corps de mille Prytanes; mais il n'y en avait jamais, dans l'année, que cinq cents en fonction. Ces cinq cents Magiſtrats ſe diviſaient eux-mêmes en dix Prytanées, qui gouvernaient tour-à-tour l'eſpace de cinq ſemaines (a); encore la Prytanie entière ne ſiégeait dans aucun cas : ſes cinquante Membres ſe partageaient en cinq décuries, qui avaient chacune ſept jours d'exercice; le Préſident de chaque décurie portait le nom d'Epiſtate; il était le garde du ſceau, des clefs du tréſor & des archives.

Ces diviſions & ſubdiviſions de la compagnie des Prytanes, qui ſemble, au premier coup-d'œil, devoir gêner la

____

(a) Sur la fin de la République, il y eut encore une révolution dans cette forme de Gouvernement. On ajouta aux anciennes tribus, celles d'Antigone & de Démétrius; alors il y eut chaque année ſix cents Prytanes en exercice, & chaque Prytane ne ſiégea que trente jours. On employa les jours ſurnuméraires des mois qui ſervaient à compléter l'année ſolaire, à examiner l'adminiſtration des Prytanes.

marche du Gouvernement , étaient un monument de génie de la part du Législateur : il avait voulu , en balançant le grand pouvoir des Sénateurs, par son peu de durée , l'empêcher de devenir oppreſſeur. L'ambition des Prytanes , contenue ainſi par elle-même, tranquilliſait les démocrates , & ne faiſait voir aucun terme à la durée de la légiſlation.

Il y avait quatre aſſemblées générales pendant le cours de chaque Prytanie. Dans la premiere, on confirmait les Magiſtrats , s'ils étaient agréables au peuple , ou on les deſtituait , ſi on avait des reproches fondés à leur faire. On recevait, dans la ſeconde , les requêtes contre les Prytanes , contre les hommes puiſſans , ſuſpects de tyrannie , & contre les abus du Gouvernement. Dans la troiſième, deſtinée à lier les intérêts de l'Etat avec ceux des Puiſſances, on donnait audience aux Ambaſſadeurs , on ſtatuait ſur les trèves ou ſur les traités d'alliance ; la quatrième était confacrée aux affaires de Religion.

On n'était appellé aux affemblées nationales, que quand on avait trente ans; mais auffi dès qu'on en était devenu Membre, on était obligé de s'y rendre fous peine d'amende : un des grands crimes dans la légiflation de Solon, était l'indifférence pour la patrie; indifférence qui, bien plus que la haine, tue tous les Gouvernemens.

Nous avons déja eu occafion d'obferver que les affaires majeures, avant d'être portées aux Etats-Généraux, avaient déja été difcutées par les Prytanes. Ce règlement, fi conforme à la haute fageffe de Solon, fit dire, au Scythe Anacharfis, un prétendu bon mot, répété avec complaifance par les ennemis de la liberté : » Je vois, dit-il, que dans Athènes, ce » font les Sages qui délibèrent, & les » fous qui décident «.

Les fous d'Athènes, grâces au Légiflateur qui les infpirait fans ceffe, décidèrent prefque toujours bien , excepté quand de grands hommes leur firent ombrage , foit par leurs talens , foit par leurs fervices : car alors ils imaginèrent contr'eux une efpèce d'exil honorable , appellé Oftracifme ; au refte , comme le décret ne pouvait paffer que lorfqu'il avait l'appui de fix mille fuffrages , il eft évident que l'infortuné devait avoir fix mille ennemis dans fa patrie , pour en éprouver ce trait d'ingratitude.

DES
TRIBUNAUX
DE
LA RÉPUBLIQUE

IL ne faut point confondre les Magiſtrats d'Athènes, chargés du dépôt des loix, avec les Juges qui devaient les faire exécuter : ces derniers étaient diviſés en un grand nombre de tribunaux, qui portaient l'empreinte du génie & de la raiſon profonde de leur inſtituteur; l'Hiſtoire doit s'y arrêter avec complaiſance, quoique ce ſoient d'autres mœurs que les nôtres, & que l'éloge des formes judiciaires employées par Solon, renferme une critique indirecte de celles de nos contemporains.

Il y avait dix tribunaux dans Athènes, dont quatre connaissaient du meurtre, & les six autres des causes civiles.

Les tribunaux criminels se nommaient le Palladien, le Delphinien, le Phréattyde & le corps des Heliastes ; on donnait indistinctement à tous les Juges qui siégeaient dans ces quatre tribunaux, le nom d'Ephètes.

Les causes majeures sur le meurtre n'étaient pas de la compétence de ces quatre tribunaux criminels ; quand des coupables illustres mettaient toute la sagacité humaine en défaut, pour les convaincre de leur délit, & que les Dieux, pour ainsi dire, étaient partagés, on avait recours aux lumières supérieures de l'Aréopage.

Le tribunal Palladien & le Delphinien, jugeaient des meurtres involontaires : quand le délit était prouvé, on obligeait le coupable à s'exiler pour un tems, jusqu'à ce que la famille du mort étant satisfaite, il pût recouvrer, au sein de fa patrie, les droits de citoyen. Ces deux Cours de Judicature, dont Solon fe contenta de ratifier les inftitutions, fubfiftaient dès le tems des Rois d'Athènes. Le premier jugea Diomède, égaré fur les côtes de l'Attique, après fon retour de Troye ; l'autre déclara Théfée innocent du meurtre des Pallantides.

On ne voit aucune ville, foit dans le monde ancien, foit dans le monde moderne, excepté peut-être Philadelphie, où la vie de l'homme ait été plus refpectée que dans l'Athènes de Solon : on y employait plus de mefures pour prévenir un meurtre involontaire, que nos Gouvernemens n'en emploient pour prévenir des meurtres prémédités ; on citait devant les Prytanes, la pierre tombée fur le citoyen, ou le fer qui l'avait bleffé : la ftatue d'un Dieu ayant écrafé un Athénien, fut jugée & condamnée par l'Aréopage.

Le tribunal Phréattyde, ainfi nommé

à cauſe d'un puits, auprès duquel il ſiégeait, évoquait à lui la cauſe d'un citoyen qui, condamné à l'exil pour un
meurtre involontaire, était accuſé d'un
meurtre prémédité, avant d'avoir expié
ſon premier délit. Comme la patrie,
en le banniſſant pour un tems, ne l'avait
pas rejetté de ſon ſein, elle le couvrait
encore de ſa bienveillance tutélaire, &
elle devait lui fournir les moyens de dé-
montrer ſon innocence : d'un autre côté,
l'accuſé, tranquille dans ſon exil, ne
devait pas, ſur des accuſations vagues,
intentées peut-être par la calomnie,
abandonner ſon aſyle, pour ſubir de nouveau un jugement capital. Solon ſatisfit
à-la-fois à la Juſtice vengereſſe des loix,
& à la ſûreté des citoyens, en ordonnant
aux Membres du tribunal de ſe tranſporter ſur le bord de la mer, pour y
entendre les dépoſitions ; là ſe rendait
l'accuſé, ſur un navire qui jettait l'ancre
à quelque diſtance du rivage. Les Juges
écoutaient ſa juſtification, & pronon-

çaient ; s'il était déclaré innocent , il s'en retournait tranquillement dans son exil ; s'il y avait sentence de mort , il y retournait encore , mais avec moins de tranquillité , parce que de ce moment , il n'avait plus de patrie.

Le tribunal des Héliastes, ainsi appellé, parce qu'il s'assemblait dans un lieu exposé aux rayons du Soleil , paraît avoir été une espèce de commission extraordinaire des Membres des autres grands tribunaux ; aussi on y comptait , suivant le nombre des chambres qui la formaient, tantôt cinq cents, tantôt mille, tantôt quinze cents Juges. Les Héliastes, ainsi que l'Aréopage , formaient un grand poids dans la balance politique d'Athènes, parce qu'ils joignaient à-la-fois les fonctions de Juges à celles de Magistrats. Sous le premier point de vue, ils connaissaient des grandes causes criminelles ; sous l'autre, ils étaient chargés de donner un sens à la partie du code, dont l'interprétation difficile fournissait un pré-

texte à la mauvaife foi qui voulait l'éluder.
A cet égard, ils pouvaient être confi-
dérés, non comme le corps légiflatif,
mais comme les réformateurs de la légiflation.

Il n'y avait rien de fi impofant que
le fpectacle de l'affemblée des Héliaftes.
C'était au moment qui fuccède au lever
du Soleil, que ce tribunal fe formait.
On l'entourait d'une double enceinte ;
l'intérieure était un fimple treillage inter-
rompu d'efpace en efpace par des portes,
au deffus defquelles on deffinait, en rouge,
une des lettres de l'alphabet. Une corde,
tendue à cinquante pieds du treillage,
formait la feconde enceinte ; elle fuffifait
pour contenir les flots toujours renaiffans
de la multitude, comme la vague irritée
l'eft par le grain de fable contre lequel elle
fe brife. Point de licteurs armés de ha-
ches, point de fatellites qui veillent à
l'ordre public en le troublant. Ce peuple
Roi fe gardait lui-même de fes propres
attentats, & ce n'eft pas le feul prodige

de ce genre, qu'on rencontre dans les anciennes légiſlations.

Il y avait un ſerment célèbre, prononcé par les Héliaſtes, avant d'entrer dans les fonctions auguſtes de leur magiſtrature : le voici tel qu'il nous a été conſervé par Démoſthène (*a*).

» Je fais ſerment de prononcer ſuivant » les loix du peuple d'Athènes, & du » Sénat des Prytanes qui le repréſente.

» Je ne donnerai mon ſuffrage ni en » faveur de la tyrannie, ni en faveur de » l'oligarchie.

» Si quelque citoyen attente à la liberté » d'Athènes, s'il l'attaque dans ſes dis- » cours, ou par ſes décrets, je ne de- » viendrai jamais ſon complice.

» Je ne donnerai ma voix ni pour » une nouvelle abolition de dettes, ni » pour un partage des terres des Athé- » niens, & de leurs édifices.

(*a*) *Orat. adverſ. Timocr.*

„ Je ne rappellerai dans la patrie ni
„ les citoyens qu'elle a exilés, ni les
„ coupables errans qu'elle a condamnés
„ à mort : je ne bannirai perſonne de
„ ces remparts, contre les loix reçues,
„ contre les décrets du peuple, & contre
„ la volonté du Sénat des cinq cents.

„ Je ne nommerai point à une ma-
„ giſtrature celui qui eſt déja revêtu d'une
„ autre........Je ne ſouffrirai pas que
„ dans le cours de la même année, le
„ même citoyen poſsède deux fois la
„ même charge, ou deux charges en
„ même-tems.

„ Je ne recevrai de préſens de per-
„ ſonne, pour rendre la juſtice, & je ne
„ permettrai jamais que d'autres ſe laiſ-
„ ſent corrompre par la même voie.....

„ J'écouterai, avec une égale intégrité,
„ l'accuſé & l'accuſateur, & je ne m'écar-
„ terai point, en prononçant, du fond
„ de la cauſe.

„ Tels ſont mes ſermens, & j'atteſte,
„ pour garans de ma foi, Jupiter, Nep-

» tune & Cérès ; puissent ces Dieux cour-
» roucés, me perdre moi & ma famille,
» si je les enfreins ! Puissent-ils aussi, si
» j'y suis fidèle, me conduire à la gloire
» par la prospérité « !

Les Héliastes rendaient toujours deux
jugemens dans les causes criminelles. Par
le premier, ils se contentaient de déclarer
l'accusé innocent ou coupable ; & dans
le dernier cas, on obligeait la victime
à marquer elle - même la peine la plus
faite pour expier son délit ; le second
jugement confirmait ou rectifiait cette
sentence.

Quand un arrêt de mort était prononcé, on livrait l'accusé, qui n'avait pas
prévenu son jugement par un exil volon-
taire, au tribunal des Ondécemvirs : on
donnait ce nom à une commission de onze
Membres, dont chaque tribu fournissait
un homme, & le Greffier formait le on-
zième. Cette commission avait l'intendance des prisons, était chargée, par le
Gouvernement, de faire arrêter les per-

turbateurs de l'ordre public, & envoyait les victimes de la loi au supplice.

Les tribunaux civils d'Athènes font beaucoup moins connus, foit à caufe du peu d'importance des affaires qui étaient de leur reffort, foit parce que l'appel mettait des bornes à leur jurifdiction (*a*).

Solon paffait pour le premier Légiflateur de la Grèce qui eût combiné la Jurifprudence de manière à en faire réfulter à la-fois la sûreté de l'Etat & celle des individus.

(*a*) Pollux & Paufanias ont dit quelques mots du *Batrachium* & du *Phenicium*, qui dûrent leur dénomination aux couleurs verte & rouge dont on peignait la falle où ils tenaient leur féance. Le *Trigone* s'appellait ainfi, à caufe de la forme triangulaire de l'édifice ; le grand & le moyen *Parabyftes* étaient défignés par l'obfcurité du lieu où fiégeait le tribunal ; toutes ces notions n'intéreffent que faiblement dans une Hiftoire de l'efprit humain.

La liberté ou la vie d'un citoyen étaient d'un si grand prix dans Athènes, qu'il fallait une permission du Magistrat pour mettre un accusé en cause, quel que fût le délit dont on le soupçonnât ; si l'action était accordée, on citait l'accusé devant un tribunal compétent, & supposé qu'il refusât de comparaître, après deux mois d'attente, on le condamnait par contumace, & on le déclarait infâme.

Tout citoyen plaidait lui-même sa cause, excepté les femmes, les enfans & les esclaves. Cependant, il lui était permis d'employer le ministère d'un Orateur mercenaire, quand il se défiait de son éloquence ou de ses lumières.

Le tems du plaidoyer était fixé par un horloge d'eau, & ce tems variait suivant l'importance des causes, mais il était toujours le même pour l'accusé & pour l'accusateur.

Les causes civiles les plus importantes se décidaient dans l'intervalle de vingt-quatre heures.

Quarante Juges fubalternes, répandus
dans l'Attique, y terminaient, en dernier
reſſort, les affaires de peu de confé-
quence, & dix drachmes (environ ſept
livres quatre ſols de notre monnaie)
ſuffiſaient pour leur honoraire.

DES PEINES

DANS

LA LÉGISLATION D'ATHÈNES.

LES mœurs nationales influent toujours
sur les loix. Toutes les fois qu'on rencontre dans l'Histoire un peuple humain,
on peut être persuadé que son code criminel l'est aussi, & que s'il s'y est glissé,
par quelque circonstance singulière, des
peines atroces, elles sont d'elles-mêmes
tombées en désuétude.

Solon, qui n'avait point détruit, comme
Lyurgue, l'inégalité, pour avoir une
nouvelle ressource dans son code pénal
contre l'infraction de ses loix ; Solon,
dis-je, tirait un grand parti de l'amende
envers le trésor public, pour l'expiation
des délits qui ne demandaient point une

peine capitale ; cette amende entraînait la diffamation, jusqu'à ce qu'elle fût acquittée, & si le coupable mourait sans avoir satisfait à la loi, ses enfans restaient chargés de sa dette & de son infamie.

L'exil était, à Athènes, la peine la plus ordinaire pour les délits politiques ; quand le coupable n'était pas invétéré dans le crime, ou que la patrie avait besoin de ses services, on lui faisait envisager son rappel, dès que son délit aurait été suffisamment expié : l'exil entraînait la vente des biens. Mais dans aucun cas le lieu du bannissement n'était fixé par la sentence.

Il y avait une espèce d'exil très-honorable, & qui n'entraînait pas, comme l'autre, la confiscation des biens. C'est celui qui est si connu dans l'Histoire Grecque, sous le nom d'Ostracisme ; quand le peuple prenait ombrage des services d'un citoyen, pour l'empêcher d'usurper la tyrannie, il le bannissait pour dix ans. Ce machiavélisme, qui consiste par suppoſer l'homme coupable avant que la loi l'ait déclaré tel, ne fut jamais dans le caractère de Solon; auſſi l'Oſtraciſme n'eſt point une inſtitution de ce grand homme; le grand nombre des Hiſtoriens en accuſe la mémoire de Cliſthène, & le premier citoyen qui ſubit cette peine républicaine, fut Hipparque, un des parens & des complices de Piſiſtrate.

Dans les grands crimes qui tendaient à la diſſolution du Gouvernement, lorſque le coupable avait échappé à la vengeance publique, on infligeait, à ſa mémoire, la peine du *Stèle*; elle conſiſtait, ſuivant l'Hiſtoire, à graver, ſur une colonne d'airain, le délit du criminel; ce qui entraînait ſa diffamation & celle de toute ſa race.

Il y avait des cas où le Magiſtrat, après avoir dégradé un citoyen, le faiſait vendre en qualité d'eſclave. Cet eſclavage légal eſt le ſeul, peut-être, que la raiſon admette, & il eſt bien fâcheux que Solon en ait admis d'autre, lui dont le génie fublime paraît avoir moins travaillé pour Athènes, que pour le genre humain.

On ne peut fe diffimuler qu'il n'y eût réellement dans Athènes, contre l'inftution formelle de la Nature, deux claffes d'hommes effentiellement diftinctes ; celle des êtres libres, & celle des efclaves, & le code pénal, établi contre la dernière, avait beaucoup de rapport, pour la férocité, avec notre code noir ; on imprimait des ftigmates, avec un fer chaud, fur la main ou fur le front d'un efclave fugitif ; il y avait des délits où on l'attachait fur une roue, pour le battre de verges ; d'autres, où l'exécuteur le frappait, à coups de bâtons, jufqu'à ce que la mort s'enfuivît ; il y en avait même où on le brûlait vif. Ne nous appefantiffons point fur ces détails horribles, pour n'être point obligés de maudire la mémoire du plus fage des hommes.

Les peines capitales, pour l'homme libre, étaient d'être précipité dans un gouffre ou dans la mer, de périr par le

glaive, & de boire la ciguë; ce dernier
fupplice eft devenu le plus célèbre de
tous, parce qu'il termina la vie glorieufe
de Socrate.

INSTITUTIONS MORALES

DE

SOLON.

Nous ne voyons d'inſtitutions morales que chez les anciens; c'eſt qu'ils croyaient encore plus eſſentiel aux peuples d'avoir des mœurs que des loix; c'eſt qu'ils allaient chercher des remèdes, contre la diſſolution des Etats, dans le cœur même des êtres ſenſibles qui les habitaient; c'eſt que pour mériter d'être les Légiſlateurs du monde, ils étudiaient l'homme même, & non les livres des hommes.

Je mets au premier rang des inſtitutions morales de Solon, celle qui obligeait tout citoyen à épouſer la querelle de ceux qu'il voyait outrager : cette idée de rendre tout le monde arbitre dans les petites difcordes civiles , rapprochait davantage les efprits ; les fuites quelquefois fanglantes de ces divifions inteftines, lui femblaient préférables à une indifférence réfléchie , qui n'eft que la vertu de l'égoïfme, & la prudence de la lâcheté.

C'eft d'après ce principe , *qu'il n'y a de vraiment focial que l'être fenfible* , que Solon, par une loi particulière , ofa noter d'infamie quiconque, dans une fédition, ne prendrait aucun parti ; loi qu'on peut trouver étrange dans un Gouvernement où la patrie eft un nom, mais qui n'aurait pas déplu , fans doute , à ce Roi magnanime, qui difait, dans une diète de Pologne : ,, J'aime mieux une liberté ,, orageufe, qu'une tranquille fervitude ".

C'eft fur-tout par la-condition légale des femmes, qu'on juge des mœurs d'un peuple. Or, Athènes pouvait, à cet égard, fervir de modèle à la Grèce ; fes vierges ne portaient point de robe entr'ouverte, comme à Lacédémone ; elles ne proftituaient point, dans des luttes indécentes, leur innocence à des regards qui pouvaient la flétrir. Une femme, dans la ville de Solon, n'était qu'à son mari, & les enfans qu'elle faifait naître, pour appartenir à leur mère, n'en appartenaient pas moins à la République.

Solon ne voulut pas qu'un homme épousât plus d'une femme; ce ne fut que long-tems après, qu'Athènes, ayant éprouvé divers fléaux qui avaient affaibli fa population, *permit au citoyen qui était déja uni à une citoyenne, d'avoir des enfans d'une étrangère* (a). Euripide & Socrate p ofitèrent, dit-on, de cette tolérance; mais comme il n'y avait alors d'époufe légitime que les femmes citoyennes, on ne peut pas en conclurre que la légiflation d'Athènes autorisât la polygamie.

Solon, perfuadé que les mariages d'intérêt font des mariages contre nature,

____

(a) Athen. *Deipnofoph.* lib. 13, cap. 1.

anéantit l'ufage des dots ; une femme ne devait apporter à fon mari que trois robes. Sa richeffe était toute entière dans fon économie , & fa dot dans fes vertus.

Ce grand homme ne dédaigna pas de porter le flambeau de la loi jufques dans le fanctuaire de l'hymen , pour mettre plus d'union dans l'intérieur des familles. J'aime à lui voir ordonner que l'époufe vive renfermée avec fon époux , qu'ils fe partagent le fruit qu'on fert à leur table , qu'ils entrent au moins trois fois le mois au lit nuptial. » Quand même, » dit le bon Plutarque que j'analyfe ici, » il n'en naîtrait aucun enfant, cet acte » de déférence conjugale eft , de la part » du mari, un honneur qu'il rend à la » chafteté de fa femme , & une preuve » d'amour, qui fert fouvent à étouffer le » germe des difcordes domeftiques «.

Solon ne porta quelqu'atteinte à la fainteté des mariages , que lorfqu'il permit à une riche héritière , époufée par un homme impuiffant , de fe dédom-

mager, dans les bras d'un des parens de
fon époux, de cet abandon de la nature.
Encore la politique (je ne dis pas la morale) pouvait-elle juftifier cette étrange
tolérance ; le Légiflateur, difaient les
Philofophes Grecs, voulut mettre des
bornes à l'indolence de ces maris eunuques, qui, connaiffant la faibleffe de
leur organifation, profanaient l'hymen,
en rendant inutile le but pour lequel il
a été inftitué ; alors connaiffant les droits
de leurs époufes, ils fe refufaient à une
union ftérile, ou s'ils manquaient de
délicateffe, ils portaient la peine de leur
infamie.

Solon n'eft juftifié ni par la politique, ni
par la morale, quand, après avoir permis
de tuer une femme furprife dans les bras
d'un amant adultère, il ne condamne
qu'à de frivoles amendes l'audacieux qui
viole une femme libre, ou qui l'enlève
dans le deffein de la proftituer ; au refte,
il y a une telle contradiction dans ces
deux loix, dont l'une caractérife la féro-

cité d'un peuple fauvage, & l'autre la molle indulgence d'un Etat gouverné par le luxe, que, malgré l'autorité de Plutarque, je ne puis croire qu'elles viennent de Solon : l'une fut, probablement, antérieure à ce grand homme, & l'autre ne s'introduifit que plufieurs fiècles après fa mort. Ce n'eft pas la première fois que le Philofophe de Chéronée confond les dates, contredit les monumens, & imagine les faits pour faire valoir fa morale, & il eft bien plus démontré que Solon fut un homme conféquent, qu'il ne l'eft que Plutarque ne fut jamais un fophifte.

C'eft encore aux mœurs nationales, que tiennent la plûpart des autres inftitutions, dont l'Antiquité fait honneur à la mémoire de Solon. C'eft ainfi que ce fage Légiflateur voulut que les enfans du guerrier, que des bleffures honorables mettaient hors d'état d'être utile à fa famille, fuffent élevés aux frais du Gouvernement ; c'eft ainfi qu'il déclara l'oi-

fiveté abfolue un crime de lèze-fociété ;
c'eft ainfi qu'il défendit de troubler, par
des reproches même fondés, la cendre des
morts. » Celui qui a ceffé d'être, difait-
» il, doit être facré pour ceux qui lui
» furvivent : de plus, il eft de la juftice
» d'épargner l'homme qui ne peut plus
» fe défendre, & de la politique d'em-
» pêcher les haines d'être immortelles «.

L'autorité paternelle était fans bornes
dans la légiflation de Solon. Ce grand
homme favait bien qu'un père, tout irrité
qu'il eft, a, dans fon cœur, une barrière
contre la tyrannie ; un fils ingrat pouvait
donc être deshérité, banni de la maifon
dont il troublait la paix, conduit devant
les tribunaux, & même fi les Juges
avaient une indulgence criminelle, être
mis à mort par ordre de celui de qui il
tenait la vie. Rome République, adopta
cette inftitution terrible, & (ce qui
n'était point arrivé dans Athènes) elle
eut fouvent le courage barbare de la
mettre en ufage.

Il n'y avait, dans le code de Solon, que deux circonstances où un fils, sans être coupable aux yeux de la Loi, pouvait manquer à son père ; l'une, lorsque celui-ci n'avait appris aucun métier à son fils ; l'autre, lorsqu'il l'avait engendré d'une courtisanne. Dans les deux cas, on était dispensé de le nourrir, même dans les infirmités de la vieillesse. » Un » père, disait le Sage, qui ne veut pas, » en enseignant un art utile, soutenir » l'existence de son fils, ne mérite pas » qu'il la lui conserve à lui-même, & » s'il a eu des enfans d'une courtisanne, » il n'a aucun droit, dans l'ordre social, » au titre de père ; il a joui, voilà sa » récompense «.

L'adoption, qui n'a jamais fait que le bien des Gouvernemens où on l'a introduite, ne pouvait manquer de faire partie des institutions de Solon. Un Athénien adoptait qui il jugeait à propos, pourvu que ce fût un citoyen, & si dans la suite le jeune homme adopté voulait rentrer dans fa famille naturelle, le Gouvernement ne le lui permettait, que lorfqu'il laiffait un fils légitime dans celle qui l'avait choifi pour la perpétuer. Un bâtard ne pouvait paffer au rang d'enfant légitime, que lorfque l'Etat l'avait infcrit dans la claffe des citoyens.

Il y a de grands crimes, tels que le parricide, dont on ne rencontre point la peine dans le code de Solon; c'eft qu'il les jugeait impoffibles, ce qui fait le plus grand éloge de fon cœur & des mœurs de fes concitoyens.

Solon, qui voulait retarder la vieilleffe de fa patrie, la protégea contre un luxe deftructeur, par fes loix fomptuaires. Il régla la parure des femmes, la dépenfe des repas, & bannit à perpétuité les Parfumeurs, & tous ces artifans gagés par la molleffe, qui ne vivent que de la ruine des mœurs, dans les pays où la loi a la faibleffe de les protéger.

Toute efpèce de parure était fur-tout défendue à une femme qui avait été fur-

prife une fois en adultère ; fi elle enfrai-
gnait la loi, tout citoyen était autorifé
à déchirer fa robe, & à la couvrir d'opprobre ; le peuple pouvait même la frapper, pourvu qu'il ne la blefsât pas. On
fent que chez une pareille nation, la
dépravation des mœurs ne pouvait jamais aller au point de faire gloire de
l'adultère.

Quant à ces êtres vils, qui ont la
baffeffe de trafiquer de l'honneur des
femmes, Solon, qui défefpérait de ramener à la vertu leurs cœurs gangrénés,
les condamna à la mort.

Il réfulte de ce coup-d'œil rapide jetté
fur les inftitutions de Solon (*a*), que ce

____

(*a*) Voici d'autres règlemens qu'on attribue
à Solon, mais que nous ne foumettrons pas à
la critique de l'Hiftoire, foit à caufe de leur
peu d'importance, foit à caufe du peu d'autorité
de Diogène Laërce, qui les donne à ce Légiflateur.

grand homme ne bâtit l'édifice de son Gouvernement, que fur la double bafe

---

Loix peu importantes.

Un tuteur ne demeurera point dans la maifon de la mère de fes pupilles.

L'Orfèvre ne pourra retenir l'empreinte du cachet qu'il aura vendu.

On donnera cinq drachmes, tirées du tréfor de l'Etat, à celui qui tuera un des loups qui ravagent l'Attique.

Tout citoyen qui n'eft éloigné que de quatre ftades d'un puits public, peut y aller puifer de l'eau : fi ayant creufé dans fon propre domaine, il ne rencontre aucune fource à la profondeur de dix braffes, il lui eft permis d'aller deux fois le jour au puits le plus voifin, remplir une mefure de fix vafes.

On ne pourra vendre l'huile extraite de l'olivier, hors de l'Attique ; la peine de l'infracteur de l'ordonnance, eft uncamende de cent drachmes, & la malédiction prononcée publiquement par l'Archonte.

Un arbre ne peut être planté qu'à cinq pieds des domaines de fes voifins, & à neuf, fi c'eft un figuier ou un olivier.

des mœurs & des loix, & c'était peut-être l'unique moyen d'affurer à ce Gouvernement l'immortalité qui était due à fon génie.

En général (& je l'ai déja fait pref-

On ne peut placer une ruche qu'à trois cents pieds des terres adjacentes, afin que les propriétaires puiffent élever des abeilles fans fe nuire.

Si un chien mord un particulier, fon maître eft condamné à le livrer à la perfonne bleffée, ayant au col une pièce de bois de quatre coudées.

Loix qu'on attribue à Solon , peut-être fans fondement.

Celui qui gardera des effets volés , fera puni de mort.

Le citoyen qui crèvera à un borgne l'œil qui lui refte, perdra lui-même les deux yeux.

L'Archonte qui fe fera enivré, fera envoyé au fupplice.

Il me femble démontré que ces trois loix féroces font de Dracon ; elles contredifent trop ouvertement le fyftême pacifique de Solon , pour être attribuées à ce grand homme.

fentir dans un autre Ouvrage) , des mœurs fans loix , annoncent une nature fauvage ; des loix fans mœurs , prouvent un Etat dépravé , & qui touche à fa deftruction ; le chef-d'œuvre des Gouvernemens , eft celui où on trouve à-la-fois des mœurs & des loix.

C'eft aux loix à maintenir les mœurs ; voilà pourquoi les Anciens, nos maîtres peut-être en tout genre , s'occupaient tant de l'éducation nationale , defcendaient à tous les détails de la vie privée , avaient un fi grand nombre de loix fomptuaires. Ils fentaient affez qu'un Légiflateur ne donne à fes monumens qu'une bafe de fable , quand il ne bâtit pas fur la nature.

Pour nos inftituteurs modernes , on dirait qu'ils ont tenté de refondre l'homme ; mais au lieu de le vivifier comme Prométhée, ils ont fait une ftatue froide, & dont les refforts ne fe montent que pour fe détruire ; l'Europe prefqu'entière ne s'occupe que de commerce , d'arts

somptueux & d'industrie ; le mot de fi-
nance est le seul que la politique pro-
nonce ; l'élément dévorant du luxe est le
seul où le citoyen puisse respirer ; pour
les mœurs, on les a reléguées dans les
ouvrages des Philosophes ; & puisque la
chose est bannie de nos cœurs, je ne vois
pas pourquoi le mot subsiste dans nos
Grammaires.

Oh ! que la Nature s'est cruellement
vengée en abandonnant les hommes qui
la blasphêment ! Un vil & froid intérêt
a achevé d'éteindre en nous la flamme
déja expirante de la sensibilité ; les liens
sacrés des familles se sont relâchés ; l'habitant des villes, isolé au milieu de ses
concitoyens, sourit de pitié au nom de
patriotisme ; & ce sentiment noble &
généreux qui fait embrasser le genre humain dans sa bienveillance, on le ren-
voie, avec la chimère du bien possible,
dans cette République de Platon, qui,
cependant, n'aurait jamais existé sans les
codes d'Athènes & de Lacédémone.

A la place des mœurs, nous avons mis une politeffe hypocrite, qui à force de nous rendre uniformes, anéantit notre caractère ; un homme aimable fe croirait déshonoré, fi le nom facré de mère ou d'époufe abordait fur fes lèvres ; incapable de fentir d'autres plaifirs que ceux qu'il achète, il abandonne fa femme, ou quelquefois même il ofe la vendre au premier féducteur qui entreprend fa conquête, trafiquant ainfi avec des courtifannes, & des amis plus vils encore, de crimes, d'opprobres & de remords.

La critique de mon fiècle me ramène à l'éloge de celui de Solon ; ce grand homme, quoique fon génie le rendît trèsfupérieur à fes contemporains, eut la modeftie de ne point regarder fon code comme parfait : » Mes loix, difait - il, » ne font pas précifément bonnes ; mais » elles font les meilleures qu'Athènes, au » tems où je vivais, pût recevoir «.

Ce grand Légiflateur était fi perfuadé que fon code, pour rendre les peuples heureux, devait être modifié, qu'il ne lui donna de l'autorité que pour cent ans : Locke, dans nos tems modernes, en a fait de même, quand on l'a chargé de donner des loix à la Caroline. Ces Sages, dont les cheveux avaient blanchi sur l'étude du cœur humain, sentaient qu'il ne faut pas un siècle à une nation pour que ses mœurs s'altèrent : or, dès que les mœurs, dans un Etat, se dépravent d'une manière sensible, la machine politique a besoin d'être remontée par la législation.

Lorsque le code de Solon, lu à l'assemblée nationale, eut obtenu son suffrage, le conseil des Prytanes jura de le maintenir de toute l'énergie de son pouvoir, & chacun des Thesmothètes, en particulier, proféra le même serment, se soumettant, s'il le violait, à expier son crime par une statue d'or massif, de même poids que lui-même, qu'il consacrerait dans le temple de Delphes. A cette époque, il n'y avait sûrement pas, dans la ville entière, assez d'or en lingot pour jetter en fonte une pareille statue, & à peine assez d'or monnoyé pour la payer.

HISTOIRE SUSPECTE
D'ÉPIMÉNIDE.

ATHÈNES commençait à goûter les fruits de l'heureuse légiflation de Solon, quand une épidémie cruelle, qui vint la défoler, détruifit tout-à-coup l'efpoir naiflant de fa longue profpérité. Le peuple, qui ne cefle de croire à la Médecine que quand fes maux phyfiques lui en annoncent le befoin, s'adrefla à l'Oracle; le Dieu répondit qu'on avait égorgé, dans les temples, les complices de l'attentat de Cylon, & que pour faire ceffer le fléau, il fallait punir les auteurs d'un pareil facrilége.

Au fiècle des Calchas, le fanatifme facerdotal aurait demandé qu'on immolât à l'autel une Iphigénie : au fiècle de

Solon, on se contenta de maudire les coupables, & de purifier la ville par des cérémonies religieuses ; c'était déja un grand pas vers la raison, & une partie de la gloire en est due au Législateur d'Athènes.

Cependant, les Archontes ne trouvèrent dans la ville aucun citoyen assez instruit de l'art des expiations, pour satisfaire à l'Oracle, & ils firent venir, de la Crète, le fameux Epiménide.

Epiménide (a) est un héros de l'ancienne Mythologie : la légende Grecque nous a conservé un grand nombre de ses prodiges. Il faisait cesser la peste dans les villes qu'il honorait de sa présence ; il fut Prophête, quand on lui proposa de lire dans l'avenir ; & ce qui n'est pas moins merveilleux, il fit un Poëme épique de 6500 vers sur la struc-

____

(a) *Diog. Laërt.* in vitâ Epimen. *Plutarch.* n Solon.

ture du vaisseau des Argonautes. On peut consulter, sur la plûpart de ces fables religieuses, Diogène Laërce, le Ribadeneïra de l'antiquité.

Un jour ce Sage conduisait son troupeau (car dans l'âge d'or, la bergerie mène à tout, même à l'apothéose), & s'étant égaré, il entra dans une caverne, où il dormit cinquante-sept ans ; à son réveil, il trouva, avec surprise, que la Grèce avait changé de face ; il n'était environné que des petits-fils des Crétois, avec qui il s'était endormi ; mais sa surprise cessa, quand il apperçut ses cheveux blancs.

Sa réputation était répandue dans tout le Péloponèse, quand les Archontes d'Athènes proposèrent, comme nous l'avons déja dit, de le faire venir, pour expier le meurtre des complices de Cylon. Ils pensaient que l'homme qui dormait cinquante-sept ans sans cesser de vivre, était assez favorisé des Dieux, pour empêcher des pestiférés de mourir avant le tems , & ils envoyèrent Nicias à Gnosse , pour engager ce Sage à se rendre aux vœux de l'Oracle. Le voyage s'exécuta en effet , & le crédule Diogène raconte comment la baguette de l'homme aux prodiges fit cesser la contagion. Epiménide choisit , un certain nombre de brebis , noires & blanches , les mena devant l'Aréopage , & là les abandonna à l'instinct qui les guidait, recommandant à ceux de ses Ministres, qui étaient chargés d'épier l'inspiration céleste dans la marche de ces animaux sacrés , de les immoler à la Divinité des régions où ils s'arrêteraient. *Ainsi cessa la peste* , dit l'Historien que nous analysons , *& voilà pourquoi on rencontre encore aujourd'hui , dans l'Attique , tant d'autels sans dédicace.*

Ce qu'il y a de plus avéré dans l'histoire d'Epiménide , c'est qu'il vint à Athènes du tems de Solon , & qu'il contracta une amitié étroite avec ce grand homme ; on ne voit point que cette amitié se soit dégradée par un commerce de superstitions, indigne peut-être de l'un & de l'autre : le Sage de la Crète n'avait pas besoin d'être Prophête, pour se faire admirer d'un Législateur Il lui parla la langue de la raison, & alors Solon lui pardonna d'avoir expié sa ville. On nous a conservé une lettre de cet Épiménide au Législateur d'Athènes, qui nous rend sa mémoire plus chère que tous les panégyriques de la légende.

» Tu te plains, mon ami, du tort que
» fait à ta patrie la tyrannie de Pisistrate ;
» mais prends courage : si ce factieux avait
» eu affaire à un peuple abâtardi par plu-
» sieurs siècles d'esclavage, il est hors de
» doute que sa tyrannie se perpétuerait
» dans sa maison. Heureusement Athènes
» a des héros dans son sein, ta législation
» l'a prémunie contre les attentats du
» despotisme, & quoique Pisistrate affecte
» le pouvoir suprême, je pressens que
» c'est un orage passager qui ne portera
» point d'atteinte à la sagesse de ton Gou-
» vernement. L'homme libre qui a de

» bonnes loix, ne courbe pas aifément
» fa tête fous le joug des tyrans : fi ce-
» pendant je me trompais dans mes pref-
» fentimens, je t'offre un afyle dans la
» Crète ; viens - y voir des hommes qui
» n'ont point dégénéré, des hommes pai-
» fibles & heureux, & à qui il ne manque
» que la gloire de te compter au nombre
» de leurs concitoyens «.

On eft fâché, quand on a vu une pareille lettre, de lire dans le même Hiſto-
rien, que, fuivant d'antiques traditions,
Epiménide paſſait fa vie fans manger,
qu'il reſſuſcita pluſieurs fois, & qu'il
vieillit en autant de jours, qu'il avait
dormi d'années dans fa caverne de la
Crète.

La durée de la vie de ce Sage fut cal-
culée, fans doute, en raiſon de fon
fommeil miraculeux ; car Xénophane la
fait de 154 ans ; Phlégon y ajoute trois
ans de plus. Pour les Prêtres de la Crète,
qui feignaient de croire à fes réfurrections,
ils prolongèrent fa vie juſqu'à 299 ans.

Ce ferait fe jouer de la raifon humaine,
que de s'amufer à concilier les dates de
cette vie d'Epiménide avec la chronologie
de Paros, ou avec l'Ere des Olympiades.

PREMIÈRE GUERRE SACRÉE (a).

LE long de la plaine fertile qui borde le mont Parnasse, habitait un peuple renommé par ses brigandages; Cirha, sa capitale, était à peu de distance de la mer, & servait de port aux étrangers qui allaient à Delphes en pélerinage. Ces espèces d'Arabes commencèrent par mettre à contribution les caravannes; ensuite enhardis par la faiblesse des victimes de leur cupidité, ils marchèrent vers Delphes, profanèrent le temple, & pillèrent les riches offrandes que la superstition de plusieurs siècles y avait amoncelées. Le sacrilége fut couronné par les violences que les Cirhéens exercèrent dans

---

(a) *Pausan.* lib. 10; *Plutarch.* in Solone; *Eschin.* advers. Ctesiph.

les bois facrés, où ils maffacrèrent des Prêtres, & déshonorèrent des Vierges.

Le bruit de cet attentat fe répandit en un inftant dans toute la Grèce, & la crédulité craignit de voir condamné au filence le plus grand de fes Oracles. Cependant les Gouvernemens, plus froids fur les intérêts de la religion, que fur ceux de la politique, n'ordonnèrent point de préparatifs de guerre pour venger le Dieu de Delphes. Il fallut que Solon, dont la grande ame s'indignait de toute injuftice, fe préfentât au Tribunal des Amphyctions, &, par une harangue pathétique, forçât ce Confeil fuprême à profcrire les brigands de Cyrha. L'expédition qui s'enfuivit, eft connue fous le nom de guerre Sacrée, dans les annales du Péloponèfe.

Quoique Solon fût l'ame de la guerre Sacrée, il parut fans titre dans l'armée de la confédération. Ce fut Clifthène, tyran de Sicyone, qui fut nommé Général, ayant fous fes ordres les Theffaliens, qui obéissaient à Euryloque, & les Athéniens, qui marchaient sous les drapeaux de l'Archonte Alcméon.

La campagne ouvrit par le siége de Cyrha. Le tyran de Sicyone, pour en accélérer la réduction, avait équipé une flotte à ses frais, & la faisait croiser sur le golphe de Corynthe, ce qui empêcha les brigands assiégés de recevoir des renforts des pirates.

Cependant la tactique des siéges n'était guères plus perfectionnée alors, qu'à l'époque de la guerre de Troye. La Grèce, assemblée autour d'une bicoque, se consumait en vains efforts ; on eut recours à l'Oracle de Delphes. Le Dieu, qui avait ses vues, répondit dans son langage énigmatique :» Cyrha est invincible, tant » que la mer ne viendra pas baigner de » ses flots les confins de mon terri- » toire «.

L'armée confédérée était fort embarrassée de savoir comment on amènerait la mer aux pieds de Delphes, ou Delphes

aux bords de la mer. Mais Solon trouva
la folution du problême ; ce grand homme
avait réfléchi que la conquête de Cyrha
pouvait devenir fatale à la Grèce , à caufe
de la difcorde que le partage des terres
exciterait entre les Conquérans : l'Oracle
vint à propos fixer fes irréfolutions ; il
vit qu'il valait encore mieux faire préfent.
de Cyrha au Dieu de Delphes , que de
l'abandonner à l'ambition de fes vengeurs , & il perfuada aux confédérés
que l'intention du Ciel était qu'on con-
facrât à Apollon toutes les terres des
environs de Cyrha ; ce qui était le moyen
le plus fimple de faire *baigner des flots
de la mer les confins de fon territoire.*
Cet avis parut un trait de lumière , & la
confécration fe fit en vertu d'un décret
des Amphyctions.

Cependant les Cyrhéens s'inquiétaient
peu qu'on les donnât à une Divinité ,
dont ils avaient profané impunément le
fanctuaire , & ils continuaient à défendre
leurs terres confacrées. Solon , pour les

forcer à capituler, détourna le Pliftus, qui traverfait leurs remparts, & les réduifit à ne boire que l'eau fétide de leurs citernes. Ce moyen ne rempliffant pas encore fon attente, il eut recours à un ftratagême bien étrange, & que je rapporte fur la foi de l'Antiquité, fans le garantir (*a*). On fit venir, d'Antycire, une quantité prodigieufe d'hellébore qu'on jetta dans le baffin factice, où le Pliftus avait été détourné : on laiffa le tems à la plante de communiquer à l'eau fa vertu purgative; enfuite les éclufes s'ouvrirent, & le fleuve reprenant fon cours, vint baigner de nouveau les remparts de la place.

Les brigands de Cirha, enchantés de revoir leur fleuve, s'abreuvèrent de fon onde limpide avec avidité. Cette boiffon ne manqua pas de relâcher les fibres de

---

(*a*) *Strab.* Géograph. lib. *9*; *Paufan.* lib. 10; *Polyen.* lib. *6*.

leur eſtomach, & ils éprouvèrent les effets d'une médecine violente. L'armée confédérée profita de cet évènement, qui mettait les aſſiégés hors de défenſe, pour eſcalader les remparts, & ſe rendre maîtreſſe de la place. Tous les habitans furent réduits en ſervitude, leur ville fut raſée juſqu'aux fondemens, & on prononça les imprécations les plus fortes, contre les téméraires qui cultiveraient leurs terres, dévouées à l'anathême : cet état de proſcription dura peu La politique Athénienne, qui s'éclairait de jour en jour, ſentit la néceſſité de ne point placer, au centre des déſerts, un temple, qui attirait le concours de toutes les nations du monde connu ; alors on rétablit Cirha, qui, devenue le port de Delphes, reprit bientôt ſon ancienne opulence.

Les Grecs, en mémoire de l'heureux ſuccès de la guerre Sacrée, rétablirent les Jeux Pythiques, & en fixèrent la ſolemnité de quatre ans en quatre ans, à l'imitation de ceux d'Olympie ; on croit qu'ils avaient

été originairement inftitués par Diomède,
pour être célébrés de huit ans en huit ans :
ils confiftaient alors en un concours de
Poéfie & de Mufique (*a*), affez femblable
à nos Prix d'Académie ; la couronne était
décernée à l'Ecrivain qui, après avoir com-
pofé le plus bel hymne en l'honneur du
Dieu de Delphes, l'accompagnait de la
lyre, avec le plus de graces. On dit qu'Héfiode ne fut point admis au concours,
parce qu'il n'était pas Muficien. D'autres
Poëtes célèbres, tels qu'Orphée, Mufée
& Homère, dédaignèrent de foumettre
les fruits de leur génie aux lumières in-
certaines des Juges des Jeux, & alors
ces efpèces de couronnes académiques
n'annoncèrent que des talens fubalternes,
dans les Ecrivains qui les remportèrent.

L'époque de la prife de Cyrha & du
renouvellement des jeux Pythiques, a été

(*a*) On y ajouta, dans la fuite, des courfes
d'hommes, de chars & de chevaux.

fixée avec précifion par le monument des Marbres (*a*) ; elle tombe à l'an 991 de l'Ere de Paros, qui répond à l'an 1639 de celle de Callifthène.

(*a*) *Marm. inful. Par.* artic. 38.

TYRANNIE

DE

PISISTRATE (a).

Dans l'ivreſſe de la reconnaiſſance d'Athènes pour le ſage Légiſlateur qu'on venait de lui donner, il n'avait tenu qu'à Solon de ſe faire Roi ; tous les partis dont il avait fait taire les diſcordes, s'é-taient réunis pour l'en preſſer ; ſes amis, ſur-tout, qui voyaient ſon averſion pour le nom de tyran, lui diſaient, dans leurs maximes ingénieuſes & lâches, que la tyrannie, exercée par un homme juſte, devient une autorité légitime ; & lui ci-

---

(a) *Herod.* lib. 6 ; *Pauſan.* lib. 2 ; *Plutarch.* in Solone ; *Diog. Laërt.* in vitâ Solonis.

taient l'autorité de Pittacus, un des sept Sages, qui était à-la-fois le tyran & l'idole de Mytilène. Solon, ferme dans sa vertu, parce qu'elle l'était en même-tems, de principe & de tempérament, se refusa toujours à ces conseils adulateurs. *C'est un beau séjour que la royauté*, disait-il ; *mais il n'a point d'issue*.

La grandeur d'ame de Solon n'excita dans Athènes qu'une admiration stérile ; l'ambition, si aisée à satisfaire dans une Démocratie, s'éveilla bientôt dans les citoyens, qui se croyaient le génie du commandement ; & les troubles qu'elle fit naître, remplirent d'amertume la vieillesse du Législateur, & empêchèrent sa mort d'être comme celle du juste, le soir d'un beau jour.

Trois factieux parurent à-la-fois dans Athènes. Lycurgue, qui avait pour lui les paisibles cultivateurs de la plaine, Mégaclès, que portaient les habitans de la côte, & Pisistrate, à la tête des gens de la montagne, auxquels se réunit ensuite le peuple de la ville, qui demandait un nouveau partage des terres. Comme ces trois factieux, quoique divifés d'intérêt, fe réuniffaient, cependant, pour renverfer la nouvelle forme du Gouvernement, on peut les envifager fous le même point de vue que le fecond Triumvirat de Rome, qui amena la diffolution de la République. Il y a, au refte, bien moins d'efprit que de vérité dans ce parallèle.

Lycurgue, homme fans caractère, & qui ne joua qu'un rôle fubalterne dans la révolution d'Athènes, eft le Lépidus de fes Triumvirs. Il ne mérite point de fixer les crayons de l'hiftoire.

Mégaclès, le Marc-Antoine du Triumvirat, a plus de droits à la célébrité. Il defcendait d'un arrière-petit-fils de Neftor, chaffé du Péloponèfe par les Héraclides, & il comptait des Archontes dans fa famille, en particulier fon ayeul, de même nom que lui, qui fit lapider Cylon, devant le temple des Euménides.

L'opulence de Mégaclès fervit beaucoup à fon ambition ; & cette opulence, Alcméon, fon père, l'avait acquife par des voies dont des fages tels que Solon auraient rougi. Un Roi de Lydie, qu'Hérodote appelle Créfus, quoique le Prince de ce nom ne fût pas né à cette époque, avait engagé l'Athénien à fe rendre d ns fa Cour, & fatisfait de fes adulations (ce font les fervices chez les defpotes), il l'invita à voir le tréfor de Sardes, & lui donna tout l'or dont il pourrait fe charger ; Alcméon répondit à la générofité du Monarque, comme l'aurait fait le plus vil de fes Satrapes ; il fe préfenta dans la falle du tréfor, avec une robe d'une ampleur démefurée, la remplit d'or, ainfi que fa chauffure, mit des fragmens de lingots dans fes cheveux & jufques dans fa bouche, & fe donna ainfi en fpectacle à toute la Cour de Lydie. Mégaclès hérita de tout cet or d'Alcméon, mais non de fon ignominie.

Mégaclès fe diftingua de bonne-heure à la guerre, & dans les jeux Olympiques ;

& il ne dut qu'à sa renommée, son mariage avec la fille de Clisthène, le tyran de Sicyone, qui lui apporta en dot douze talens, ou soixante-cinq mille livres de notre monnaie, somme prodigieuse pour ce tems-là, où il n'y avait presque point de numéraire à Athènes, & où le prix d'un bœuf n'était que de cinq drachmes, ou de trois livres douze sols. Mégaclès eut de son mariage une fille, que nous verrons, dans la suite, épouser Pisistrate, & un fils, du même nom que le tyran de Sicyone, dont descendait ce fameux Périclès, qui partagea, avec Alexandre, la gloire de donner son nom au plus beau siècle dont l'esprit humain s'honore.

Pisistrate, l'Auguste du Triumvirat d'Athènes, bien moins opulent que Mégaclès, avait un génie bien plus propre que ses rivaux à opérer des révolutions dans une République; né avec un caractère souple & qui se prêtait à toutes les circonstances, prenant à son gré & quittant le masque de la vertu, suivant les mœurs des personnages que sa politique mettait en jeu ; généreux autant qu'il le fallait pour en imposer à la multitude, sans ruiner sa fortune ; il maniait encore la parole avec un art qui faisait déja pressentir les triomphes de Démosthène. On sent combien un factieux qui peut déployer tant de talens, est dangereux dans une démocratie naissante ; il trompa pendant quelque tems , jusqu'à la vertu de Solon, qui, entouré de Républicains superbes , tirait gloire , auprès d'eux, de l'amitié de Pisistrate.

Le voile tomba enfin, & l'ambitieux, rassuré par le grand âge du Législateur d'Athènes, songea à donner des fers à sa patrie.

Une victoire qu'il remporta à cette époque sur les habitans de Mégare , & où il paraît qu'il copia l'ancien stratagême de Solon, lors de la prise de Salamine, le mit à portée d'exécuter, sans danger, son plan de tyrannie.

Il se présente un jour à la place publique, étendu fur fon char, le vifage pâle & livide, & le fang ruiffelant d'une plaie qu'il s'était faite lui-même. » *Vous le* » *voyez,* dit-il d'une voix faible, au peu- » ple qui s'affemblait en foule à ce fpec- » tacle, *j'ai vaincu les ennemis de l'état,* » *& mes concitoyens m'affaffinent* «. La multitude, qui ne réfléchit point, mais qui fent vivement, demande les cou- pables. Alors le fourbe raconte avec in- térêt les prétendus périls auxquels il a échappé, fait entendre que la jaloufie de fes ennemis cherchait à le punir de fes fervices, & defigne obfcurément les deux Triumvirs. L'émotion croiffait à chaque mot que prononçait Pififtrate, dans l'ame des Spectateurs; celui-ci, qui lit l'indi- gnation publique dans tous les regards, hâte le dénouement de fon ftratagême; » C'eft mon amour pour le peuple, dit-il, » qui me rend odieux à la race des tyrans; » il n'y a qu'un moyen de me dérober à » leur violence; c'eft de me donner des » gardes. Je vivrai alors pour vous dé-

» fendre, & les perturbateurs seront con-
» traints de respecter en moi votre ou-
» vrage «.

Solon se trouvait alors dans la place publique. Ce grand homme, à qui tous les replis du cœur humain étaient connus, pénétra à l'instant l'artifice : » Pisistrate, » lui dit-il, tu veux représenter l'Ulysse » de l'Iliade, mais tu joues mal son rôle; » il se blessa pour tromper les ennemis, » & tu te blesses pour trahir tes conci- » toyens «.

Le Législateur chercha ensuite à prémunir le peuple contre la tyrannie naissante; mais la raison est bien froide quand le cœur est ému. Le tumulte parvint à son comble, & la multitude courait aux armes, quand, pour prévenir la sédition, le Conseil des Prytanes fut convoqué par les Archontes.

Les Magistrats étaient à peine assis, qu'Ariston, un des factieux, proposa de donner cinquante gardes à Pisistrate. Les cris d'acclamation de la multitude, firent fentir aux Prytanes qu'ils n'étaient pas libres d'être citoyens ; peu-à peu les gens de bien fe retirent d'une affemblée auffi orageufe ; Solon lui - même les fuit en foupirant, & fa retraite livre Athènes au pouvoir de Pififtrate. Le décret d'Arifton paffa à la pluralité des voix, & le peuple ratifia, de fon fuffrage, l'acte qui lui donnait des chaînes. Seulement, pour ne point offenfer Solon, on ordonna que les gardes de la nouvelle inftitution auraient des maffues au lieu de lances. Cette reftriction était peu faite pour allarmer l'ambition de Pififtrate ; il favait que la maffue deviendrait à fon gré, une lance ou un poignard, quand elle aurait été quelquetems entre les mains de fes fatellites. Les terreurs de Solon fe juftifièrent enfin. Pififtrate, fûr qu'il pouvait impunément ufurper le pouvoir fuprême, lève tout à-fait le mafque, & , à la tête de fes gardes, fe rend maître de la citadelle.

Ce trait d'audace imprime la terreur dans tous les efprits ; les deux Triumvirs,

qui craignent pour leur vie, fortent d'Athènes; Solon feul, déterminé au plus fublime des dévouemens, fe rend à la place publique, & veut armer le peuple, pour faire à l'inftant le fiége de la citadelle. » Lors de la feinte bleffure de Pi-
» fiftrate, dit-il, il était plus aifé d'é-
» touffer la tyrannie dans fon germe;
» maintenant, il y aura plus de gloire à
» l'exterminer «.

Mais l'effroi avait engourdi le patriotifme dans tous les efprits. Le Légiflateur voyant qu'il ne pouvait vivifier de froides ftatues, les abandonne à leur fort; il prend fes armes, & les jette dans la place publique. » J'ai défendu Athènes & fes
» loix autant que je l'ai pu; il ne me
» refte plus qu'à mourir «.

Cependant, le dévouement magnanime de Solon ne s'accomplit point. Pififtrate était né généreux; il commença comme nous verrons Augufte finir. Tant que le Légiflateur d'Athènes crut que fes concitoyens pouvaient être ramenés à des fentimens généreux , il leur parla avec la franchife de la liberté, & il le fit impunément. Ses amis tremblaient pour fes jours : » Non, leur dit-il, l'ufurpateur ne » voudra pas fe rendre odieux , il ne ref- » pectera pas vos loix , mais il refpectera » ma vieilleffe «.

Ici la tradition fe partage. Plutarque veut que Solon voyant Pififtrate ufer fagement du fceptre qu'il avait ufurpé , fe réconcilia avec lui , & devint fon oracle : Diogène prétend , de fon côté , que ce grand homme , ferme dans les principes qu'il s'était faits , voulut mourir libre comme il avait vécu , & s'exila volontairement de fa patrie ; quoiqu'il en foit, il ne furvécut que deux ans à la révolution qui donnait un maître à Athènes , & il mourut l'an 102; de l'Ere de Paros , qui concourt à la feconde année de la cinquante-cinquième Olympiade ; il était âgé de quatre-vingts ans.

Solon réuniffait les talens de l'homme de Lettres à ceux de l'homme d'Etat , &

poſſédait à un haut degré le talent de la parole ; c'eſt lui qui apprit à Piſiſtrate à diriger, avec le fil de l'éloquence, cet amas d'automates qui font la deſtinée des Républiques ; il cultiva auſſi la Poéſie avec ſuccès ; on citait de lui cinq mille vers moraux, auxquels il avait donné le nom modeſte d'Elégie : il ne compoſa point de Poëme Epique ; mais ce n'était point le génie qui lui manquait ; Platon (& je ne cite point une autorité vulgaire) prétendait que s'il céda, en ce genre, la palme à Homère, c'eſt qu'il ne voulut pas la lui diſputer.

Quand Solon ne fut plus, Athènes ſentit plus que jamais la perte qu'elle avait faite, & elle chercha à s'en conſoler, par de vaines ſtatues, qui ne remplirent point le vuide que laiſſe toujours ſur la terre la mort d'un grand homme.

NOUVELLES RÉVOLUTIONS

DANS

ATHÈNES.

PISISTRATE FAIT OUBLIER SON USURPATION, ET MEURT REGRETTÉ (a).

Les derniers regards de Solon ne virent pas sa patrie libre. Cependant la révolution se préparait en silence, Lycurgue & Mégaclès ameutaient sourdement les esprits, & quand ils furent sûrs de partager Athènes, ils se présentèrent à ses portes,

---

(a) *Hérod.*, lib. 1 & 6 ; *Justin.*, lib. 12 ; *Athen.* Deipnosoph. lib. 13.

avec des troupes qui avaient arboré l'étendard de la liberté.

Pififtrate, qui prévoyait l'orage, avait employé toutes les reffources de fon génie à le conjurer ; il redoublait d'affabilité auprès de fes partifans ; il répandait l'argent parmi le peuple. Accufé injuftement d'un meurtre, il fe préfenta fans gardes devant l'Aréopage, & defcendit jufqu'à fe juftifier. On cite même de lui une lettre à Solon, qui, fi elle n'a pas été imaginée par fon Hiftorien, ferait aimer la mémoire de ce defpote ; il faut la rapporter ici ; car tout intéreffe dans la vie d'un homme de génie, que Cicéron appellait le Céfar d'Athènes.

» Je n'ai point donné un exemple
» odieux aux Grecs, en m'emparant du
» pouvoir fouverain. Ce pouvoir n'a été
» ufurpé fur perfonne ; il m'était dû par
» ma naiffance, puifque je defcends de
» Cecrops, à qui Athènes jura autrefois
» d'obéir, ainfi qu'à fa poftérité. Si mes
» concitoyens ont violé leurs fermens,

» est-ce moi que Solon doit en punir ? Au
» reste, depuis que je peux tout, ai-je
» offensé en rien les Dieux & les hommes?
» tes loix ne sont-elles pas en vigueur
» dans la ville dont tu t'es banni? ne les
» observe-t-on pas avec plus de fidélité
» encore, que si le Gouvernement était
» Républicain ? je ne souffre point que le
» mal se fasse; & content du faible tribut
» qu'on payait aux successeurs de Cecrops,
» je n'ambitionne aucun privilége , qui
» m'élève au-dessus des hommes que je
» gouverne. Ma modération , ô Solon !
» n'est point une vertu que je joue. Tu
» sais que je ne te hais point , pour avoir
» dévoilé mes plans de révolution. J'ai-
» mais à croire qu'en te rangeant avec
» mes ennemis, tu consultais moins le
» mouvement d'une haîne personnelle ,
» que l'intérêt de ta patrie; ta défiance
» redoublait par l'incertitude où tu étais,
» de la manière dont je gouvernerais. Oh!
» si tu avais pu pressentir le bien que je
» méditais de faire, tu m'aurais pardonné,

» peut-être, d'avoir été moins Républi-
» cain que toi. Quoiqu'il en soit, reviens
» dans une ville qui t'honore ; tu peux te
» fier à la parole de Pisistrate. Celui qui
» ne s'est jamais vengé de ses ennemis, a
» quelque droit à la confiance du sage
» qu'il veut consulter. Mais si mon amitié
» est un fardeau pour toi, je te laisse la li-
» berté dont tu jouis. Je ne te demande, en
» retour, que de faire entendre à la Grèce,
» dont l'estime m'est chère, que si tu ne
» rentres pas dans Athènes, ce n'est pas
» en haîne pour Pisistrate (*a*) ".

Cette lettre & les traits de modération
du nouveau despote, ne servirent qu'à
aigrir les deux Triumvirs, qui cherchaient
moins à détruire la tyrannie qu'à succéder
au tyran. Ils entrèrent en vainqueurs dans
Athènes , & forcèrent Pisistrate à s'en
bannir. Incapables de modération dans
leur vengeance, ils mirent à l'encan les

______

(*a*) *Diog. Laërt.* in vitâ Solonis.

biens de l'exilé ; mais , comme l'infortune de Pififtrate avait affaibli l'idée de fon ufurpation , perfonne , d'abord , ne fe préfenta pour les acheter ; les Athéniens , en général , ne goûtèrent point la révolution , autant que les Triumvirs devaient s'y attendre ; ils fentaient qu'on ne leur préfentait le phantôme de la liberté , que pour les empêcher de s'appercevoir qu'ils changeaient de maîtres.

Lycurgue & Mégaclès , divifés naturellement par leur caractère impérieux , ne s'étaient rapprochés que pour fupplanter un rival ; dès que ce rival fut hors d'état de nuire , ils devinrent ennemis ; déja Athènes était menacee d'une guerre civile , lorfque Mégaclès , qui preffentit que Pififtrate pouvait profiter de la haîne que leurs difcordes infpiraient , pour les perdre tous deux , réfolut d'aller au devant de l'évènement , & de facrifier la patrie à fa fûreté ; il fit propofer à Pififtrate la main de fa fille , & pour dot , la couronne d'Athènes. Le célèbre banni , qui n'avait pas affez de philofophie pour fe faire un bonheur indépendant dans fa retraite, en régnant fur lui-même, accepta avec tranfport les offres de Mégaclès, &, après cinq ans d'exil, fe fit fon gendre, pour devenir un jour fon maître.

Il ne manquait plus, pour fauver l'honneur du perfide Triumvir aux yeux de la nation, que de faire émaner du ciel l'ordre du rappel de Pififtrate, & on en vint à bout, grâce à un ftratagême, qu'on n'aurait fûrement pas imaginé au fiècle de Socrate.

Il y avait, dans la dernière claffe du peuple d'Athènes, une vendeufe de couronnes, à qui la nature avait prodigué tous les dons extérieurs que la fuperftition du tems croyait l'appanage des Immortelles; la blancheur éclatante de fon teint, la majefté de fa taille, le feu de fes regards, tout démentait en elle l'obfcurité de fon origine; Mégaclès en fit une Minerve; & on lui promit, fi elle

jouait bien fon rôle, la main d'Hipparque, fils de Pififtrate.

Le jour deftiné à la repréfentation de
cette comédie politique, on arma la vendeufe de couronnes de la lance de Minerve, on lui mit l'Egide à la main, &,
après l'avoir placée fur un char magnifique, on la fit entrer en triomphe dans
Athènes. Des hommes, apoftés par les
factieux, précédaient la prétendue Déeffe,
en criant : *Profternez-vous devant Mi-*
nerve, votre divinité tutélaire ; elle vous
ramène Pififtrate, le plus grand des
hommes. Le peuple, qui ne voyait pas
le fpectacle du côté des machines,
crut, en effet, à la defcente de Minerve, & par piété, rendit la tyrannie
à Pififtrate.

Une révolution, fondée fur une impofture religieufe, n'était pas faire pour
laiffer des traces profondes, fur-tout, chez
une nation qui commençait à s'éclairer.
On apprit, par le mariage d'Hipparque,
le fecret de la vendeufe de couronnes, &

Athènes, qui rougit d'avoir été trompée, s'éloigna de Pisistrate.

Le despote lui-même, à force de mettre du rafinement dans sa politique, prépara de nouveau les voies à son détrônement. Il avait des fils d'un premier lit, qui ne voyoient qu'avec peine l'alliance qu'il venait de contracter avec Mégaclès. Pour les rassurer, il leur promit de ne point accroître sa famille, & abusant, à cet effet, de l'ingénuité de sa jeune épouse, il osa ne la recevoir dans ses bras, que contre le vœu de la nature. Le coupable secret ne tarda pas à transpirer, & Mégaclès, indigné de l'affront qu'on faisait à sa fille, intrigua pour détruire son propre ouvrage. Pisistrate n'avait pas eu le tems de s'affermir dans sa nouvelle domination ; il prévint, par une retraite prudente, les suites du complot tramé contre ses jours, & se retira dans Erétrie avec sa famille.

Onze ans entiers s'écoulèrent dans ce nouvel exil ; Pisistrate eut le tems de réfléchir fur l'inconftance de la faveur du peuple dans les Démocraties , fur le néant du bonheur , quand il n'eft pas l'ouvrage de la raifon & de la vertu ; & il annonça que , dégoûté du defpotifme , il voulait vivre déformais pour lui même. Malheureufement, quelques jours d'ennui & de remords , n'effaçent pas les traces profondes que trente années d'ambition laiffent dans un caractère. Pififtrate , tourmenté par fes enfans , & cédant peut-être à une douce violence, confentit à rentrer dans Athènes , pour y donner des loix. Il fe ligua avec Thèbes & d'autres villes de la Grèce , jaloufes de la profpérité dont jouiffait la ville de Solon , & parut dans l'Attique à la tête d'une armée ; les Triumvirs ne firent qu'une faible réfif-tance ; leurs troupes , énervées par une longue paix , plièrent au premier choc, & Athènes ouvrit fes portes à Pififtrate.

Ce Prince , inftruit par fes revers , fentit que pour mettre fa couronne à l'abri de toute atteinte , il fallait défarmer le Peuple-Roi qui tombait à fes genoux. Polyen nous a confervé le ftratagême machiavélique qu'il imagina dans cette vue (a). Il convoqua une affemblée nationale, & ordonna à tous les citoyens de s'y trouver en armes; chacun obéit, &, fuivant l'ufage, dépofa fes armes dans un temple qui donnait fur la place publique : le tyran fe mit alors à haranguer la multitude, mais d'une voix fi éteinte, qu'à peine ceux qui étaient à fes côtés pouvaient l'entendre ; la foule curieufe fe preffa autour de lui, &, occupée à deviner le fens de fes paroles, perdit de vue ce qui fe paffait à l'extrémité de la place. Les fatellites de Pififtrate profitèrent du moment pour pénétrer dans le temple ; ils enlevèrent les armes & les portèrent dans un édifice facré, dont ils étaient les maîtres. Le peuple ne reconnut que quand il fe vit défarmé, le fens de la harangue de Pififtrate.

____

(a) Lib. 1, cap. 21.

Cette troisième invasion eut tout le succès que l'ambition de celui qui l'avait tentée pouvait en attendre. Comme il avait toujours à sa solde un corps formidable de troupes auxiliaires, ses ennemis déconcertés ne firent aucun mouvement; au reste, en entrant dans Athènes, il s'était fait donner en ôtages les fils des Triumvirs, qu'il avait envoyés dans l'isle de Naxos; précaution qui lui répondait de la fidélité des pères. De ce moment, le Triumvirat fut détruit, & l'Auguste d'Athènes jouit en paix de son usurpation, jusqu'à la fin de sa carrière.

Dès que Pisistrate vit sa domination appuyée sur une base solide, il s'appliqua à faire oublier, à force de vertus, les crimes qui la lui avaient procurée. Des Historiens ont fait honneur de ce changement à ses vues ambitieuses. Mais qu'importe à la postérité? la politique qui consiste à rendre les hommes heureux, est la seule que la raison pardonne aux usurpateurs.

Au reste, Pisistrate n'avait pas besoin de briser son caractère, pour faire le bien de tout ce qui l'environnait : né généreux & grand, il n'usa du pouvoir suprême que pour déployer cette bienfaisance, qui est la première vertu des Princes légitimes. On cite de lui des traits de bonté qui feraient honneur à la mémoire de Titus & de Marc-Aurèle (*a*).

Ce Prince avait une fille d'une beauté rare, qu'il destinait à quelque Souverain de la Grèce, en état de protéger sa couronne. Un jeune Athénien, nommé Trasimède, en devint éperduement amoureux ; un jour qu'elle traversait la place publique, pour se rendre à une cérémonie religieuse, l'infortuné, qui brûlait sans espoir, tout entier à ses transports coupables, fend la foule qui l'environne, & l'embrasse en présence de tout le peuple. Cette licence, suivant les mœurs Grec-

---

(*a*) *Valer. Maxim.* lib. 5.

ques , était un attentat contre l'ordre
public. Hipparque & Hippias repréfen-
tèrent fous les couleurs les plus noires cet
outrage fait à leur fœur, & demandèrent
qu'on envoyât Trafimède au fupplice.
Pififtrate regarde fes fils en fouriant :
» Eh quoi, leur dit-il, fi nous traînons
» à l'échaffaut le citoyen qui nous aime,
» que ferons-nous à ceux qui nous haïf-
» fent » ?

Les grandes paffions ne fe corrigent,
ni par la rigueur des tyrans , ni par l'indulgence du Philofophe ; c'eft un feu qui
ne peut s'épuifer qu'en s'exhalant. Trafimède , plus épris que jamais de la fille
de Pififtrate , épie le moment où elle va
faire un facrifice fur le bord de la mer,
fond, l'épée à la main , fur les efclaves
qui l'entourent , l'enlève, & l'ayant fait
monter fur un vaiffeau qui était à fes
ordres, il s'écarte, avec fa proie, des parages de l'Attique. Hippias , à cette époque, croifait dans les mers de la Grèce,
pour donner la chaffe aux Pirates ; à la

vue de ce vaisseau, qui cherche à l'éviter, il croit avoir rencontré les ennemis d'Athènes ; alors il l'aborde & s'en empare ; quelle est sa surprise, quand sa sœur, éplorée, éperdue, se présente à ses regards ! Trasimède ne chercha point à pallier son crime, il présenta ses mains aux chaînes qu'on lui destinait, & sans proférer une seule plainte, il se laissa conduire à Athènes.

Pisistrate monte sur son tribunal pour juger le délit ; ce spectacle terrible n'altère en rien la sérénité de Trasimède. » Ne montre pas plus de trouble, dit il, » à prononcer ma sentence, que je n'en » mettrai à l'entendre. Il y a long-tems » que je me suis jugé. Du moment où » j'imaginais d'enlever ta fille, je fis vœu » de mépriser la mort «.

Pisistrate se connaissait trop en grandeur d'ame, pour ne pas admirer l'intrépidité de Trasimède. » Je ne veux point » pour ennemi, dit-il, l'être sensible qui » fait aimer ainsi. Je ne te pardonne pas,

» Trasimède, parce qu'il ne faut pas avilir
» un bienfait, mais je te donne ma fille,
» rends-là heureuse, & tout est réparé «.

Valère-Maxime cite un autre trait de
l'inaltérable douceur de Pisistrate, qui
peint mieux ce Prince que tous les panégyriques. Quoique Souverain, il avait un
ami. Trasippe, (c'est le nom de l'Athénien chéri de son maître), contre l'usage
des favoris, devait le crédit dont il
jouissait, à la noble franchise avec laquelle
il disait la vérité au despote ; un jour,
dans un festin, où il y avait un grand
nombre de convives, Trasippe se permit
les railleries les plus sanglantes contre
l'ambition de Pisistrate. Celui-ci l'écouta
avec la même tranquillité que si, Républicain dans le cœur, il avait entendu
médire des tyrans ; cette modération
n'arrêta point le critique audacieux, qui
continua sa diatribe jusques vers la fin du
repas. Alors il se leva, pour sortir du palais;
Pisistrate, qui croyait que la crainte de
lui avoir déplu, était le motif de sa re-

traite, le retint par le bras, & le pria de
rester. Malheureusement, Trasippe avait
franchi, à table, les bornes de la sobriété;
la tête, échauffée par le vin qu'il avait
bu, & peut-être par les propos Cyniques
qu'il s'était permis, il ne répondit au
Prince qu'en lui crachant au visage : on
sait qu'Alexandre, en pareille occasion,
bien moins offensé que Pisistrate, assassina
son ami Clitus : pour l'Auguste d'Athènes,
il se contenta de rougir pour Trasippe,
& se détourna sans lui faire le plus léger
reproche. En vain ses fils l'excitaient à
venger la majesté du trône, il leur répondit que le trône ni l'amitié n'étaient
blessés par les délits de l'yvresse. Cependant, le lendemain Trasippe, revenu à
lui-même, ne se pardonna point son
emportement; troublé à-la-fois par la
crainte de la vengeance & par ses remords, il fit les apprêts de son suicide.
Pisistrate l'apprend, il vole chez son ami,
le serre tendrement dans ses bras, &
n'emploie que ses larmes généreuses,

pour lui apprendre que son attentat est expié.

Pisistrate, avec un tel caractère, devait être adoré, & il le fut en effet ; pendant les seize ans que dura sa dernière administration, il n'y eut pas la plus légère émeute dans Athènes. La liberté n'était plus, & personne ne s'en doutait ; le génie de Solon respirait, dans son code contre la tyrannie, & Solon était à peine regretté.

On doit, à l'humanité prévoyante de Pisistrate, un des plus beaux établissemens dont la raison s'honore, celui d'un Hôtel des Invalides. Ce Prince voulut que tout citoyen qui recevrait des blessures honorables au service de la patrie, fût nourri au dépens du public. On sait que l'adulation a fait honneur de la première idée de ce bel établissement, au génie de Louis XIV.

Pisistrate, qui n'était tyran que de nom, aima la vraie gloire ; envieux de se survivre à lui-même, il protégea les Lettres, & prépara ainfi les voies au beau fiècle de Périclès. On lui doit l'érection de la première bibliothèque publique, dont les annales humaines faffent mention. Des Savans, fous fes aufpices, s'occupèrent à l'agrandir. Ils travaillèrent, en particulier, à donner une édition correcte des Poëmes d'Héfiode & d'Homère. Lors de l'incendie d'Athènes, pendant l'invafion de Xerxès, cette bibliothèque paffa en Perfe; le farouche Defpote, qui n'épargnait ni les hommes, ni les dieux, refpecta cependant les monumens de la penfée; & une partie de cette collection précieufe fubfiftait encore, à Suze, à l'époque de la conquête d'Alexandre.

Pififtrate mourut Souverain d'Athènes, &, malgré fon ufurpation, emporta plus de regrets que des Princes légitimes; c'était la feizième année, depuis la deftruction du Triumvirat, & on en compte trente-trois depuis fa première entreprife, pendant la vie de Solon. Sa mort tombe

à l'an 1054 de l'Ere de Paros, qui répond à la quatrième de la soixante-
deuxième Olympiade.

TYRANNIE

D'HIPPARQUE ET D'HIPPIAS.

CONSPIRATION

D'HARMODIUS ET D'ARISTOGITON.

FIN DE LA DOMINATION DE LA MAISON DE PISISTRATE (a).

PISISTRATE avait laissé trois fils légitimes, Hipparque, Hippias & Thessalus. Le dernier, né d'un caractère féroce, fut écarté du trône. Les deux autres régnèrent ensemble, avec une concorde qu'on ne devait pas attendre des fils d'un usurpa-

---

(a) *Herod.* lib. 5; *Thucyd.* lib 6; *Justin.* lib. 2; *Athen.* lib. 15; *Plut.* in Hypparch.

teur. Athènes, façonnée au joug, s'apperçut à peine qu'elle avait changé de maître, & encore moins qu'elle ne devait point en avoir.

Le règne de ces fils de Pisistrate, forme une époque mémorable dans l'Histoire, parce qu'alors l'esprit humain fit un pas immense pour sortir de la barbarie. Ces Princes, non moins politiques que leurs pères, sentirent qu'un des plus sûrs moyens de légitimer leur tyrannie aux yeux des siècles, était d'avoir le suffrage des hommes de génie qui dispensent les renommées ; aussi ils protégèrent les arts, ou plutôt ils les cultivèrent, ce qui est encore plus honorable que de les protéger. De ce moment, Athènes éclairée, acquit, dans la Grèce, une prépondérance que Lacédémone, sa rivale, lui disputait avec peine, malgré sa législation vigoureuse, la bravoure de ses citoyens & ses victoires.

L'Antiquité fait sur-tout honneur à Hipparque de cette aurore de la raison

dans Athènes. C'est lui qui fit, de sa
Cour, l'asyle des plus beaux génies de
la Grèce. Homère ne vivait plus, à cette
époque, que par ses ouvrages ; mais le
Prince accueillit Simonide & Anacréon ;
Onomacrite eut long - tems part à ses
bienfaits, & ce dernier Poëte n'encourut
sa disgrace, que parce qu'il osa falsifier
les hymnes de Musée, en y insérant que
la mer engloutirait un jour, dans son
sein, le petit Archipel qui dépend de
l'isle de Lemnos.

Academus avait abandonné, aux Gens
de Lettres d'Athènes, de vastes jardins,
soit pour se livrer seuls à des méditations
utiles, soit pour s'y communiquer les
fruits de leurs veilles, & doubler ainsi
leurs lumières par le contact. Voilà
l'origine des compagnies littéraires, aux-
quelles nous avons donné le nom d'Aca-
démies. Hipparque entoura l'Académie
d'Athènes d'un portique superbe, pour
empêcher le peuple de profaner ce sanctuaire des arts, & il s'y rendait souvent

fans gardes & fans repréfentation , réta-
bliffant ainfi , en qualité d'homme de
Lettres, le fyftême d'égalité qu'il détrui-
fait en qualité de Monarque.

Hipparque décora la ville où il régnait
de divers monumens ; il fit fculpter ,
pour des places publiques , les ftatues de
quelques grands hommes , & , attentif à
faire concourir enfemble les mœurs & les
arts , il répandit , dans les endroits fré-
quentés par le peuple , un grand nombre
de ces buftes de pierre , connus fous le
nom d'*Hermes* , fur la bafe defquelles
étaient gravées des fentences philofophi-
ques , telles que *connois - toi toi - même.*
— *Tu es comptable de tous tes momens
envers ta patrie.* — *Sois jufte , & tout
eft bien.*

Hipparque fe laffa enfin d'être le génie
tutélaire d'Athènes ; il conçut une paffion
infâme pour Harmodius , & ce crime
amena , non - feulement fa mort , mais
encore la perte du trône pour fa maifon.

Harmodius , jeune citoyen d'une naifsance distinguée, unissait la raison profonde de l'âge mûr, à toutes les graces de l'adolescence; comme le cœur ne consulte jamais les caprices de l'opinion, il avait choisi Aristogiton, son ami, dans la classe la plus obscure d'Athènes. Je dis son ami, quoique des apôtres du Cynisme aient cherché à calomnier la pente qui entraînait ces deux héros l'un vers l'autre; parce que des Antinoüs ou des Ganimèdes ne font rien de grand, & que ce n'est point à des êtres aussi abjects, qu'une ville fondée sur les mœurs, érige des statues. Harmodius, comme on le pressent, d'après son caractère que je viens de dessiner, rejetta, avec horreur, les insinuations d'Hipparque, qui, outré de ses refus, mais n'osant employer la violence, se vengea, en blessant sa sensibilité par un affront, que l'honneur, dans un républicain, ne pardonne jamais.

Une des plus grandes distinctions pour une vierge d'Athènes, dont le Gouvernement voulait honorer la naissance &

la vertu, était de lui faire porter la corbeille sacrée de Minerve, à la fête des Panathénées. Hipparque nomma la sœur d'Harmodius, & quand elle se présenta pour la cérémonie religieuse, il la fit retirer avec ignominie. Le frère de la vierge éplorée, trop fier pour dévorer une pareille insulte, ouvre son ame à Aristogiton, qui ameute un petit nombre de mécontens, & le complot est fait pour poignarder les fils de Pisistrate.

Les révolutions, sur-tout dans les Républiques, doivent être l'ouvrage de l'instant; il faut que l'usurpateur ne voie l'éclair, qu'avec la foudre qui vient le frapper. Les conjurés d'Athènes, qui craignaient que leur secret ne fût éventé par les émissaires d'Hipparque, se proposent d'exécuter leur complot à la fête même des Panathénées : ils cachent leurs poignards dans les rameaux de myrthe, qu'on était dans l'usage de porter en allant au temple, & attendent les tyrans pour les frapper.

Hippias était déja dans le Céramique, occupé à régler la marche du peuple. Les conjurés apperçoivent un des leurs qui parlait au Prince, avec une sorte de familiarité. La terreur les saisit; ils croient la conspiration découverte, & ils se dispersent. Cependant, Harmodius & Aristogiton, dont l'ame superbe s'ouvrait moins aux impressions de la crainte, ne s'abandonnent pas eux - mêmes, quand tout le monde les abandonne; ils s'avancent seuls au-devant d'Hipparque, percent la garde qui l'environne, & le poignardent. Les satellites du Monarque, revenus de leur surprise, environnent bientôt les assassins, & les massacrent aux pieds de leur victime.

Hippias apprend cette scène sanglante, avant qu'elle ait éclaté dans Athènes. Aussi-tôt il fait désarmer le peuple, & tous ceux qu'on trouve avec des poignards, sont immolés à sa sûreté.

Hippias n'avait point le caractère pacifique d'Hipparque; il aimait à verser le fang humain ; dès qu'il ne fut plus retenu par l'exemple d'un frère, il fe livra à toute fa férocité naturelle. Chaque conjuré qu'il découvrit, fut impitoyablement mis à mort. Il ofa même employer les tortures, pour arracher, de la bouche des citoyens trouvés avec des armes profcrites, le nom de leurs complices. Cette inquifition terrible rendit Athènes à elle-même, & l'excès du defpotifme amena l'indépendance.

L'Hiftoire Grecque cite à cette occafion des traits d'audace républicaine, dont un Romain fe ferait honoré au fiècle de Tacite. Un partifan d'Harmodius était entre les mains des bourreaux, & on lui demandait fes complices. L'Athénien nomma tous les amis du tyran, qui, à l'inftant, furent exécutés. Hippias interrogea encore fa victime ; *il ne refte plus,* dit-elle, *dans ma patrie, qu'un homme digne de mort, & cet homme, c'eft toi.*

Le courage de la maitreffe d'Ariftogiton, n'eft pas moins héroïque. Cette Athénienne, nommée Léena, souffrait depuis long tems les douleurs de la torture, sans répondre à l'attente du tyran A la fin, craignant que l'atrocité du supplice ne lui arrachât le secret de ses amis, elle coupa sa langue avec ses dents, & la cracha au visage d'Hippias (*a*).

(*a*) Il en est peut-être de cette histoire, comme des travaux d'Hercule, que chaque héros de l'antiquité s'attribue. Jamblique met le trait de la maîtresse d'Aristogiton, sur le compte d'une Pythagoricienne, nommée Timicha, que Denys, tyran de Sicile, voulut contraindre vainement à marcher sur des fèves. *Vit. Pythag.* cap. 1. Un autre Écrivain prétend que la Pythagoricienne s'appellait Théano, & qu'il s'agissait d'un secret d'État, & non de l'épreuve superstitieuse de marcher sur des fèves. *Manuscr. de la Biblioth. du Roi*, n° 3280, fol 4 Enfin, un Père de l'Église fait honneur de ce trait de constance à un martyr de sa Religion : & ce n'est plus ici une héroïne qui crache sa langue à un tyran, pour d livrer sa patrie ; c'est un jeune Cénobite qui vomit la sienne à une courtisanne, pour vaincre la volupté. *St. Jérôme*, Vie de St. Paul Hermite.

Quand Athènes fut délivrée de la tyrannie de la maison de Pififtrate, elle honora la mémoire de prefque toutes les victimes d'Hippias ; c'eft fur-tout à l'occafion de Léena, qu'ayant fait fculpter une lionne de bronze, qui n'avait point de langue, elle érigea ce monument à l'entrée de fa citadelle.

Cependant, la jaloufie ombrageufe d'Hippias ne s'éteignait point dans le fang des partifans d'Harmodius. Les citoyens, furveillés de trop près par le tyran, appellèrent des vengeurs parmi leurs exilés, & implorèrent jufqu'à l'appui dangereux de Lacédémone.

Nous avons vu les enfans de Mégaclès bannis d'Athènes au dernier avènement de Pififtrate. Cette famille, qui jouiffait, dans fa retraite, de toute fon opulence, ne s'endormit jamais fur les troubles de la patrie ; elle prépara de loin les voies à fon retour, par les fervices qu'elle rendit à la Grèce entière. Le temple de Delphes avait été brûlé, & les Amphictions avaient publié le plan de la reconstruction de l'édifice. La postérité de Mégaclès se chargea, pour la somme modique de trois cents talens, de bâtir le temple avec toute la magnificence projettée ; & quoique le péristyle ne dût être que de pierres de taille, ses Architectes le firent en entier de marbre de Paros. Ce trait de politique porta un coup mortel à la domination des fils de Pisistrate.

Quand ces exilés célèbres virent que tous les regards se tournaient vers eux, ils eurent l'adresse de faire parler en leur faveur le Dieu qu'ils venaient de loger avec tant de magnificence, & de rendre ainsi l'entreprise qu'ils méditaient contre Hippias, une espèce de guerre de religion.

Les Lacédémoniens, à la voix du Dieu de Delphes, vinrent les premiers forcer Athènes à être libre ; mais cette première expédition ne fut pas heureuse. Hippias les battit devant Phalère, & tua leur Général, ce qui cependant ne fit rien perdre du crédit de l'Oracle.

Lacédémone ne se rebuta point : elle avait à justifier Apollon, & à rétablir la gloire de ses armes ; elle chargea Cléomène, un de ses Monarques, de ce double soin. Ce Prince, déja fameux par plusieurs victoires, vint, avec la postérité de Mégaclès, mettre le siége devant Athènes. La famille de Pisistrate, à l'approche du danger, tenta d'y dérober ce qu'elle avait de plus cher. A cet effet, les enfans & les femmes des usurpateurs allèrent demander un asyle hors de l'Attique aux ennemis de Lacédémone ; mais à peine sortie de la ville, la troupe fugitive fut rencontrée par un bataillon de Cléomène, & amenée devant lui ; cet évènement sauva le sang des peuples. Le Roi de Lacédémone déclara qu'il ne rendrait ses prisonniers, qu'à condition qu'Hippias, & tout ce qui tenait à lui par les liens du sang, sortirait, sous cinq jours, de l'Attique. Hippias, contre l'ordinaire des tyrans, entendit le cri de la Nature, &, pour sauver sa famille, accepta le traité. Il se retira chez le Prince de Lampsaque, à qui il avait donné sa fille en mariage, & de-là dans la Perse, où il prépara l'ambition des successeurs de Cyrus, à la conquête de la Perse.

Hippias n'avait régné que quatre ans depuis l'assassinat de son frère, & ne rentra jamais dans Athènes. Les anciens ont fixé ce terme de la domination de la famille de Pisistrate, vingt ans avant la fameuse bataille de Marathon, c'est-à-dire l'an 1072 de l'Ere de Paros, qui répond à la troisième année de la soixante & douzième Olympiade.

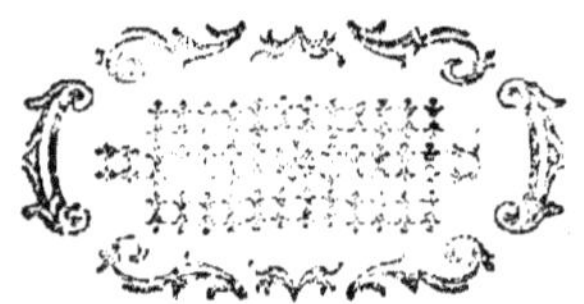

HISTOIRE SINGULIÈRE

DE

LA GUERRE D'ATHÈNES

CONTRE LES EGINÈTES (a).

C'EST à-peu-près à l'époque de l'exil d'Hippias, qu'Hérodote place le germe d'une guerre qui, par ses causes bisarres & par le merveilleux des évènemens qu'elle amena, semble moins digne du siècle de Solon & de Pisistrate, que de celui des Persée & des Bellérophon.

L'isle d'Egine, située dans le golphe Saronique, vis-à-vis d'Epidaure, dépendait originairement de cette dernière ville, centre, comme l'on sait, du culte d'Esculape. L'isle & la métropole ayant été à-la-fois frappées de stérilité, les ha-

______
(a) Herod. lib. 5.

bitans, au défaut de Physiciens, consultèrent les Pythies. Celle de Delphes, qui n'avait que des secrets religieux, pour forcer la terre à s'ouvrir au gré de ses cultivateurs, imagina de faire ériger des statues à deux hommes très-obscurs (Damias & Auxéfias), dont elle voulait faire des demi-Dieux ; & au lieu de les commander de marbre ou d'airain, elle exigea que ces monumens fûffent de bois d'olivier. A ce prix, elle affura que le fléau cefferait. Il eft probable que la Prêtreffe, qui favait combien l'olivier était rare, ne cherchait qu'à gagner du tems, pour fauver l'honneur d'Apollon, bien perfuadée que fi on pouvait atteindre à la faifon de la prochaine récolte, la fuperftition ferait honneur à l'Oracle, du bienfait de la Nature.

Cependant, Epidaure fe donna de grands mouvemens, pour trouver l'arbre deftiné à être fculpté en idoles. Les Athéniens, qui feuls le poffédaient, en cedèrent un à leurs voifins, à condition qu'ils viendraient tous les ans sacrifier aux Dieux tutélaires de l'Attique : les statues furent achevées, & la stérilité, grâce à un ciel plus propice, disparut des campagnes d'Egine & d'Epidaure.

Egine, par sa position heureuse sur le golphe Saronique, avait, dans l'intervalle, intercepté une partie du commerce de sa métropole ; dès qu'elle se sentit, par la cessation du fléau qui la désolait, en état de se suffire à elle-même, elle secoua le joug que lui avait imposé Epidaure, &, dans une descente heureuse que sa flotte exécuta, elle enleva les deux statues de bois d'olivier, commandées par la Pythie, & en fit son propre Palladium.

Athènes, excitée par les Epidauriens, voulut venger le crime de cet enlèvement ; elle envoya des troupes dans l'isle, chargées, par la Religion, de s'emparer des statues, &, par la politique, de subjuguer les Eginètes.

Ici la tradition se partage, & le choix

eſt difficile, à cauſe du merveilleux qui dépare également le récit des Athéniens & celui des Eginètes.

A en croire Athènes, elle n'arma qu'un vaiſſeau, qui débarqua dans l'iſle; mais au moment où les ſoldats portaient une main audacieuſe ſur les ſtatues, la terre trembla, le tonnerre ſe fit entendre, & un eſprit de vertige ſe répandit ſur les ſacriléges, de manière, qu'ils s'entretuèrent tous, à l'exception d'un ſeul qui vint dans ſa patrie, porter la nouvelle de ce déſaſtre. Il eſt probable que la ſuperſtition imagina ce conte pour ſauver, à la ville de Solon, l'humiliation d'une défaite : il y avait, en effet, bien moins de honte à être vaincus par le tonnerre, que par les Eginètes.

La tradition d'Egine ne prête pas moins à la critique d'un ſiècle éclairé. Les Athéniens, ſuivant elle, débarquèrent dans l'iſle, non avec un ſeul vaiſſeau, mais avec une eſcadre entière : comme perſonne ne s'oppoſait à leurs violences, ils fe rendirent dans l'enceinte où étaient les ftatues, & tentèrent de les enlever; mais le Ciel n'était point pour eux, & ils ne purent jamais arracher ces monumens facrés de leur bafe; peu émerveillés de ce prodige, ils attachèrent les têtes à des cordages, pour les faire pencher; alors (ce font toujours les Eginètes qui parlent) alors, dis - je, les ftatues fe mirent à genoux devant leurs raviffeurs, qui reculèrent d'effroi, & depuis ce moment, ajoutent les Ecrivains de la Légende Grecque, ces demi-dieux de bois d'olivier reftèrent toujours dans la même attitude.

Il y a, d'ordinaire, un coin de vérité dans les fables antiques; les infulaires d'Egine avouaient qu'ils avaient reçu des troupes auxiliaires d'Argos, au moment de l'invafion des brigands d'Athènes, & qu'elles avaient débarqué au milieu d'un orage. Ce mot explique tout. Les Argiens maffacrèrent, fans doute, les foldats profanateurs, & l'orage renverfa les ſtatues, qui, mutilées dans leur chûte, reſtèrent à genoux. Quoiqu'il en ſoit de cet évènement, tout le monde s'accordait à dire qu'un ſeul Athénien avait échappé au déſaſtre de ſes concitoyens ; mais une mort non moins tragique attendait cet infortuné dans les remparts de ſa patrie.

Dès que les Athéniennes apprirent que leurs maris avaient été maſſacrés dans l'iſle d'Egine, ces veuves, éperdues & égarées par le déſeſpoir, ſe ſaiſirent du ſoldat qui leur avait ſurvécu, & avec leurs agraffes, elles lui firent ſubir la mort la plus lente & la plus cruelle. Les Archontes ne vengèrent cet aſſaſſinat, qu'en défendant aux Dames d'Athènes de porter déſormais des agraffes.

Je ſuis bien loin de garantir toutes ces hiſtoires plus que ſuſpectes d'Hérodote, qui heureuſement deviennent infiniment plus rares, à meſure que nous approchons du beau ſiècle d'Alexandre.

Athènes, cependant, n'oubliait pas l'affront que ſes armes avaient reçu dans

Egine ; elle arma une flotte pour le réparer. Les infulaires , qui le furent ,
firent parler à propos un Oracle , qui
ordonna une trève de trente ans. Dans
l'intervalle , Darius fit fon expédition
contre la Grèce , & les Eginètes fe hâ-
tèrent de fe donner à lui : ils aimaient
encore mieux avoir un Defpote éloigné
pour maître , que des républicains qui
étaient à leurs portes. De ce moment ,
Egine ceffa d'avoir une hiftoire.

TABLEAU DE LA GRÈCE,

A L'ÉPOQUE DE LA PREMIÈRE

INVASION DES PERSES.

Nous touchons à la guerre la plus mémorable dont il soit fait mention dans les annales humaines, à la lutte de plusieurs millions d'esclaves, soudoyés par le despotisme, contre une poignée d'hommes libres, qui savent vaincre, parce qu'ils savent mourir. Parcourons un moment le lieu de la scène où se passèrent ces grands évènemens, pour ne rien perdre de l'intérêt qu'inspirent les personnages.

L'Asie mineure, depuis Cyrus, ne tenait plus à la Grèce, que par les colonies répandues sur ses côtes occidentales. Cette grande péninsule avait passé, par

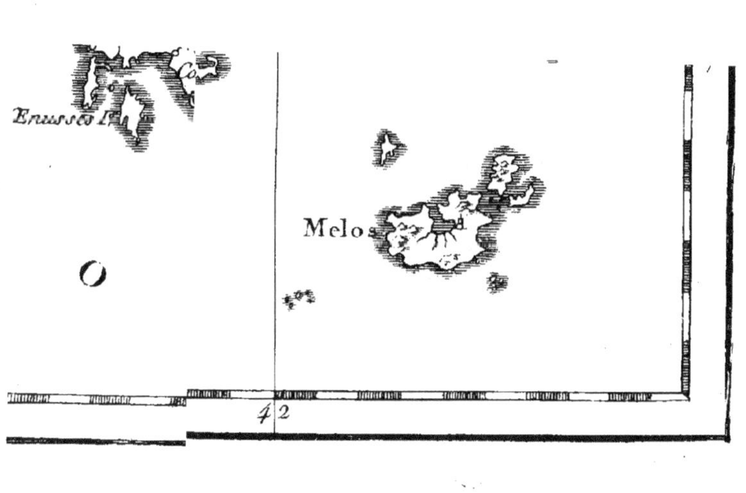

Enussæ I.
Co.
Melos
O
4 2

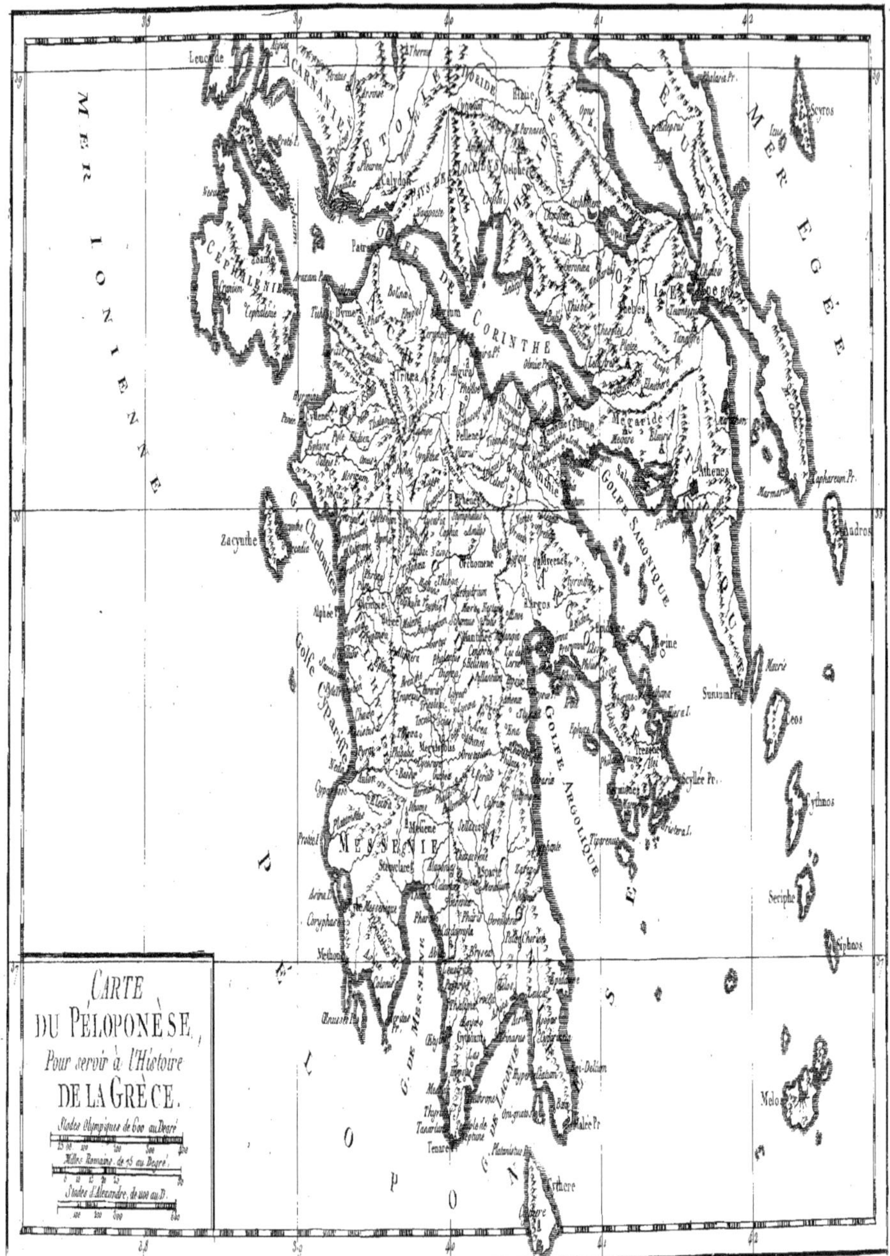
MER IONIENNE
MER EGÉE
GOLFE DE CORINTHE
GOLFE SARONIQUE
GOLFE ARGOLIQUE
CARNANIE
ETOLIE
LOCRIDE
CÉPHALÉNIE
MESSÉNIE
PELOPONESE
Leucade
Zacynthe
Athenes
Argos
Sparte
Tenare
Scyros
Andros
Ceos
Cythnos
Seriphe
Siphnos
Melos
Cythere
CARTE
DU PÉLOPONÈSE,
Pour servir à l'Histoire
DE LA GRÈCE.
Stades Olympiques de 600 au Degré
Milles Romains de 75 au Degré
Stades d'Alexandre, de 100 au D.

la deſtruction de l'Empire de Lydie, preſque toute entière ſous le pouvoir des Perſes, & depuis qu'elle était gouvernée par des Satrapes, elle ne produiſait plus que des eſclaves.

Les Perſes, une fois maîtres de la partie orientale de la Grèce, dûrent être tentés d'envahir le reſte ; car les conquérans s'indignent toujours de trouver des barrières, ſur-tout les ſucceſſeurs de Cyrus, que leur Cour avilie berçait ſans ceſſe de l'idée qu'ils devaient être les maîtres du monde.

La Grèce, libre, formait, à cette époque, deux barrières contre l'invaſion des barbares ; l'Archipel, obligé de ſuppléer, par une marine puiſſante, à la faibleſſe qu'entraînait la diviſion de ſes Puiſſances, & la confédération des peuples du Péloponèſe.

L'Archipel, trop morcelé pour être redoutable aux Perſes, n'avait que trois iſles aſſez fortes par elles-mêmes pour retarder, je ne dis pas pour rompre, le torrent qui menaçait d'inonder la Grèce ; c'était la Crète , Chypre & la Sicile. La Crète , maintenue par la législation de Minos , contre le danger de faire des conquêtes , & contre le malheur d'en subir , ne prit presque point de part à l'invasion des Darius & des Xerxès : la Sicile , trop éloignée du lieu de la scène , songea plutôt à tirer parti , pour sa propre grandeur , de l'épuisement des vainqueurs & des vaincus , qu'à déterminer la victoire : l'isle de Chypre fut la seule qui , par sa résistance vigoureuse , soutint l'honneur de la Grèce.

Si on entre dans le continent de la Grèce , on ne trouve , au nord du Péloponèse , que l'Epire & la Macédoine , capables de se mesurer contre l'Asie entière , arrachée de ses foyers par les despotes de la Perse ; mais ces deux Monarchies , faibles de population , n'eurent jamais de forces que par le génie des Princes qui les Gouvernèrent. L'Epire ne compte qu'un Héros parmi ses Rois,

ce fut Pyrhus ; & lorfqu'il ébranla le
monde Romain , déja la Perfe n'était
plus. Pour la Macédoine, régie depuis
plufieurs fiècles par des Princes fans caractère, elle devait, à l'époque de l'invafion des barbares, appartenir au premier Conquérant qui tenterait de s'en
emparer ; cet Etat ne preffentait point
encore le fecret de fes hautes deftinées ;
appellé non à défendre la Grèce, mais à
la venger, il attendait, dans le filence de
l'oubli, la naiffance d'Alexandre.

Le Péloponèfe feul mettait donc un poids
dans la balance du monde Perfe ; encore
dans ce petit coin de terre, combien de
villes perdues pour la défenfe de la caufe
commune ? Sicyone, Mycènes & Argos,
ne fubfiftaient plus que par leur ancienne
renommée. Corynthe, opprimée par fes
tyrans, ne fongeait pas même à tirer parti
de fa pofition admirable fur deux golphes,
pour avoir l'empire des mers. Il ne reftait
que Lacédémone & Athènes capables de
fervir d'afyle à l'homme libre, contre les

tyrans de l'Afie. Heureufement ces deux villes fe fuffirent, & c'eft au tableau philofophique que préfentent leurs annales, que l'Hiftoire Grecque doit ici borner fes crayons.

Nous avons laiffé, dans Lacédémone, Cléomène & Démarate, maîtres des deux trônes des Héraclides (*a*). Cléomène (*b*) fut un grand guerrier, & il était difficile de naître dans la ville de Lycurgue, & de ne pas l'être; mais il déshonora fes victoires par une férocité, plus digne des Cambyfe & des Cyrus, que d'un Héros de la Grèce; c'eft ainfi qu'après avoir taillé en pièces une armée Argienne, un transfuge étant venu lui apprendre que les débris des vaincus s'étaient réfugiés dans une forêt, il y fit mettre le feu par fes Hilotes: cette atro-

---

(*a*) Voyez le tome précédent de l'Hiftoire *de la Grèce*, pag. 300.

(*b*) *Herod.* lib. 5; *Thucyd.* lib. 1; *Diod.* lib. 11.

cité ne peut se justifier que par des accès de folie, auxquels les Historiens prétendent que ce Prince était sujet ; du moins, il est consolant de croire, que, chez un peuple qui avait tant de droit à l'hommage des siècles, il fallût être fol, pour aimer à répandre le sang des hommes.

Cléomène répara un peu le tort que lui avait fait, aux yeux des Grecs, sa barbarie contre les restes infortunés d'Argos, en mettant quelqu'humanité dans la manière dont il délivra Athènes de la tyrannie de la famille de Pisistrate ; mais le tigre, enchaîné un moment par la politique, revint bientôt, dans Athènes même, à sa férocité naturelle (*a*). Démarate, son collègue, qui vit que ce règne de sang allait rendre le nom Spartiate odieux à toute la Grèce, l'accusa devant le Sénat & les Ephores, de violer les

____

(*a*) Voyez à la fin de ce chapitre, l'histoire de l'exil de Clisthène.

ſages inſtitutions de Lycurgue. Cléomène ſe juſtifia à la manière des deſpotes, c'eſt-à-dire, en faiſant trembler ſes Juges; &, comme ſon ame ſuperbe ne ſavait point pardonner une injure, il tira bientôt une vengeance éclatante de ſon accuſateur. Nous avons vu, dans l'hiſtoire de Lacédémone, qu'Ariſton s'étant fait céder la femme d'Agetès ſon favori, pour avoir un héritier du trône, la naiſſance de Démarate, qui réſulta de cette union adultère, avait paru équivoque aux yeux même de ſon père. Cléomène profita de ces bruits publics, pour inſinuer que ſon collègue n'était point un Héraclide; enſuite il acheta un oracle de la Pythie de Delphes, pour couvrir ſes ſoupçons perfides d'un voile reſpectable, & enfin, il réuſſit, par ſes intrigues, à faire dépoſer juridiquement Démarate, pour le remplacer par ſon couſin Léotychide, eſpèce d'automate, que deux motifs devaient engager à ſe laiſſer gouverner, ſon peu de génie & ſa reconnaiſſance.

Démarate, chaffé d'un trône qu'il avait occupé avec gloire, ne fongea point, d'abord, à troubler fa patrie, pour la gouverner un jour malgré elle ; confondu dans la foule des citoyens, il s'exerça long-tems à des vertus privées, qui lui firent trouver le bonheur, fi difficile à allier avec le pouvoir. Ce calme de la vertu fut troublé par la tyrannie des deux Rois. Démarate, fentant fon exiftence empoifonnée dans Lacédémone, alla chercher un afyle dans la Perfe. Darius, qui avait déja des vues fur la conquête de la Grèce, fit l'accueil le plus diftingué à ce célèbre transfuge ; mais il ne put jamais obtenir, de fa reconnaiffance, qu'il le fervît contre une patrie ingrate. Les defcendans de Démarate reftèrent en Afie, également refpectés des Grecs & des Perfes, & on les y voyait encore, au fiècle d'Alexandre.

Cependant, la vengeance des peuples, quoique tardive, tomba fur le perfécuteur de Démarate ; le Sénat & les Ephores, apprirent que l'oracle n'avait prononcé contre un des Héraclides, que parce qu'il avait été corrompu par l'autre, & ils mirent en cause leur propre Monarque. Celui-ci se fit justice lui-même, & s'exila en Arcadie. Là, son esprit remuant imagina de nouveaux projets, pour renverser la législation de Lycurgue; & ses anciens sujets, qui craignirent une guerre avec le peuple qui lui avait donné un asyle, eurent la faiblesse de le rappeller. Heureusement pour Lacédémone, les plans de vengeance de Cléomène n'eurent pas le tems de parvenir à leur maturité; à peine remonté sur son trône, il perdit presque tout à-fait l'usage de la raison; on le voyait, dans ses accès de démence, traverser les places publiques, un sceptre à la main, commandant aux statues de s'abaisser devant lui. Sa frénésie augmenta à un tel point, qu'il fallut, à la fin, le renfermer; lorsque sa raison lui revint, il demanda une épée à un des Hilotes qui composaient sa garde, & à peine l'eut-il entre ſes mains, qu'il ſe donna la mort. La ſuperſtition, qui n'imagine pas qu'un Roi puiſſe devenir fol comme le reſte des hommes, attribua ſon ſuicide, non au dérangement de ſes organes, mais à la vengeance du ciel, qui le puniſſait d'avoir corrompu ſes oracles.

Le ſucceſſeur de Cléomène fut ce célèbre LÉONIDAS, que nous verrons bientôt à la tête de trois cens héros comme lui, faire ſervir ſon corps de rempart à la Grèce, lors de la journée mémorable des Thermopyles.

Athènes, à l'époque où nous ſommes, a auſſi une hiſtoire, ainſi que Lacédémone ſa rivale, & il faut la conduire depuis l'exil d'Hippias, qui lui rendit ſa liberté, juſqu'à l'invaſion de l'armée de Darius.

Cliſthène, fils de Mégaclès, en rentrant dans ſa patrie, ſongea moins à flétrir la mémoire des tyrans, qu'à leur ſuccéder; c'eſt lui qui, pour éloigner des rivaux qui lui faisaient ombrage, imagina l'exil honorable de l'oſtracifme.

On formait, au milieu de la place publique, une enceinte percée d'autant de portes que de tribus. Le jour de l'aſſemblée, chaque citoyen entrait, & jettait devant lui la coquille ou le morceau d'argile façonné en écailles, ſur lequel était écrit le nom du Magiſtrat qu'on dévouait à l'oſtracifme ; il fallait ſix mille de ces coquilles de condamnation., pour former un jugement. Alors, le citoyen ſuſpect était banni pour dix ans, mais ſans que ſes biens fuſſent confiſqués ; le lieu de ſa retraite, qu'on lui aſſignait, n'était pas même pour lui une priſon ; nous verrons, dans la ſuite, Thémiſtocle, exilé à Argos, parcourir, ſans exciter de murmures, tout le Péloponèſe.

Cliſthene s'acheminait, à pas rapides, vers la tyrannie ; mais il trouva, ſur ſa route, un factieux, qui, ayant autant de génie que lui, rendit inutiles ſes plans de deſtruction. Iſagoras, c'eſt le nom de ce factieux, se lia avec Cléomène, qui, depuis le siége d'Athènes, & la capitulation d'Hippias, avait conservé la plus grande influence dans l'Etat qu'il avait rendu libre. Le Roi de Sparte, gagné par l'éloquence d'Isagoras, &, peut-être, par les faveurs de sa femme, dont il était épris, envoye un héraut sommer Clisthène, au nom de sa République, de sortir de la ville où il domine. Peu content de cet acte de despotisme, il entre dans Athènes avec les Spartiates, dont il avait fait les instrumens de ses violences, & fait bannir sept cents familles qui tenaient à la maison de Mégaclès, par les liens du sang, ou par ceux des bienfaits; le tyran rappella, dans cette proscription, l'ancien crime du meurtre des complices de Cylon aux pieds des autels, & supposant qu'après tant de générations un pareil sacrilége ne pouvait être expié, il osa faire exhumer les cadavres des ancêtres de Mégaclès, pour les transporter hors de l'Attique. Au reste, ce zèle religieux n'était qu'un voile, dont Cléomène couvrait la profondeur de sa politique; on se rappelle comment il fit parler la Pythie, dans le détrônement de Démarate, & il faut laver du soupçon de fanatisme, le scélérat qui se jouait de la Divinité, en corrompant ses oracles.

Cependant le Roi de Sparte, voyant toutes ses violences impunies, voulut consommer sa tyrannie, en abolissant le Sénat, pour le remplacer par trois cens hommes de la faction d'Isagoras; le Sénat lutta contre sa propre destruction, & Cléomène, qui n'avait pas assez de brigands pour le réduire, alla s'emparer de la citadelle.

A ce signal de conquête, la nation se réveilla de sa léthargie; les citoyens coururent aux armes, & Cléomène, assiégé, fut obligé, le troisième jour, d'évacuer la place, & de prendre, avec Isagoras, la route de Lacédémone.

La révolution fut entière; le peuple, encore dans le premier accès de son resſentiment , envoya au ſupplice tous les partiſans d'Iſagoras , & rappella Cliſ-thène , qui , inſtruit par ſes malheurs , rétablit la démocratie de Solon , dans toute ſon intégrité.

Athènes , qui preſſentit que Sparte ne tarderait pas à tirer vengeance de l'ex-pulſion ignominieuſe de ſon Roi , ſe défia de ſes propres forces , & eut la poli-tique puſillanime de s'étayer , contre ſa rivale , de l'appui des Perſes. Ce crime de lèze-patrie , amena , peu-à-peu , l'in-vaſion des Perſes ; crime qu'elle expia , ſans doute , puiſqu'elle en fut la première victime.

ENCHAINEMENT

DE

CAUSES,

QUI AMÈNE LA PREMIÈRE INVASION DES PERSES (a).

Tout concourait, en politique, à armer l'Asie contre la Grèce ; & il est bien étonnant qu'Athènes, éclairée par la belle législation de Solon, n'ait pas prévu qu'un

---

(*a*) *Ctésias*, dans la Bibliothèque de Photius, cod. 72 ; *Herod*. lib. 3, 4, 5 & 7 ; *Diod. Sicul.* lib. 11 ; pour lier davantage les faits, nous avons été obligés, dans le récit des démêlés de la Grèce avec Darius & Xerxès, de transcrire quelques pages de notre Histoire des Perses.

despote tel que celui des Perses, ne pouvait la protéger sans lui donner des fers.

L'Orient retentissait encore du bruit des conquêtes de Cyrus. Cette espèce de gloire, qui consiste à assassiner beaucoup d'hommes, pour faire beaucoup d'esclaves, était sans cesse présente à l'imagination de ses successeurs; ils s'endormaient, enyvrés de l'encens de leurs adulateurs, pour se réveiller avec des idées de Monarchie universelle.

Hippias, & les autres bannis du Péloponèse, qui n'avaient plus de rôle à jouer que par d'heureuses perfidies, cherchaient de leur côté à intéresser la vanité Perse à la conquête de la Grèce; ils faisaient observer, combien il était humiliant, qu'une poignée d'hommes libres, placés aux confins de l'Europe, empêchât le Roi des Rois de conquérir cette seconde partie du globe. Démarate seul, qui conservait sa grandeur d'ame dans son exil, chercha à éteindre le tison qu'on allumait dans l'Asie, pour embrâser l'Europe; mais sa

vertu était suspecte, & elle ne fut point
écoutée.

La mésintelligence d'Athènes & de
Lacédémone, acheva de faire germer ces
fruits de discorde ; la première de ces
villes, plutôt que de faire, auprès de sa
rivale, des démarches de conciliation qui
auraient pu l'humilier, préféra de se couvrir d'opprobre, en recherchant l'alliance
de Darius; ses Ambassadeurs se rendirent
à Sardes , & n'y éprouvèrent que des
dégoûts ; le Satrape Artapherne leur fit
demander , de la part du Roi, où était
Athènes , & si elle avait quelqu'existence
en Europe ; tous ces affronts furent dé-
vorés en silence ; enfin , on leur déclara
qu'ils ne pouvaient rester à Sardes, s'ils
n'accordaient , à Darius, *le feu & l'eau ,*
c'est-à-dire , s'ils ne le reconnaissaient
pour leur Souverain, & les Représentans
de la République des Solon & des Miltiade, parurent se soumettre au joug d'un
Prince qu'ils ne désignaient , dans leur
langue, que sous le nom de Barbare.

Heureusement pour la Grèce, Darius abusa de cette humiliation d'Athènes ; il voulut la régir avec un sceptre de fer, & la forcer à rappeller, dans son sein, des citoyens turbulens qu'elle s'était cru obligée d'en bannir ; alors les yeux de ces fiers Républicains se dessillèrent, & ils résolurent de s'ensevelir jusqu'au dernier, sous les débris de leur patrie en cendre, plutôt que de rester les esclaves des Perses.

Il faut joindre à toutes ces causes de l'invasion des barbares, l'aventure singulière de Démocède, qui nous a été transmise, par la plume un peu romanesque d'Hérodote.

Démocède était un Médecin Grec, au service d'Oretès, Satrape de Lydie. Lorsque Darius voulut faire rentrer sous son joug cette grande province de l'Asie mineure, qui depuis long-tems affectait l'indépendance, le Médecin, enveloppé dans la proscription de son maître, languit long-tems dans l'oubli & dans la misère, confondu avec les plus vils des esclaves.

Il arriva, dans la suite, que Darius se démit le pied à la chasse, en descendant de cheval ; les Médecins d'Egypte, à qui il s'était confié, l'avaient tourmenté pour le guérir, & son mal avait prodigieusement empiré ; on lui amena alors Démocède, vêtu en esclave & chargé de chaînes, qui le traita à la manière des Grecs, & le mit en état de marcher ; le Roi, reconnaissant d'un tel service, combla le Médecin Grec de présens, lui donna, dans Suze, un palais superbe, & lui permit de manger à sa table.

Démocède ajouta à son triomphe un trait bien digne de sa grandeur d'ame ; les Médecins d'Egypte, qui avaient traité le Roi si mal, au commencement de son accident, venaient d'être condamnés à être empalés ; (car, chez les despotes, les punitions les plus justes sont toujours des crimes) ; Démocède, quoique leur rival, demanda leur grace, & y mit tant de zèle, qu'il l'obtint, ce qui donna, à la Cour de Suze, une haute idée des mœurs de la Grèce.

Cependant, malgré le crédit de Démocède, à la Cour des Rois de Perse, malgré l'opulence dont on le faisait jouir, & l'encens dont on l'enyvrait, le nom de patrie, qui retentit toujours si agréablement dans les ames bien nées, revenait sans cesse à sa mémoire ; l'idée de ne pouvoir fouler encore le sol qui l'avait vu naître, empoisonnait tous ses plaisirs, & le chagrin dont il était dévoré, déposait contre l'envie qui le croyait heureux.

Sur ces entrefaites, Atossa, femme de Darius, eut un ulcère au sein, sur lequel elle consulta Démocède ; le Médecin promit de la guérir, mais à condition qu'elle engagerait le Roi à porter la guerre dans la Grèce ; Démocède devait servir de guide aux espions qu'on enverrait d'abord dans le pays, pour prendre connaissance de la situation des villes,

& de la force des places ; bien perfuadé que dès qu'il ferait dans fa patrie il lui ferait aifé de fe dérober à la vigilance de ces efpions ; il eft bien étrange que le Médecin Grec n'eût pas trouvé d'autre moyen pour fe rendre libre, que de compromettre la liberté de toutes les Républiques de la Grèce.

Quoiqu'il en foit, Atoffa détermina le Roi à porter la guerre dans la Grèce. Ce ne furent point des efpions vulgaires, mais quinze Seigneurs de la Cour, qui s'offrirent de vifiter tout l'Archipel ; on leur donna l'ordre fecret, en partant, de veiller fur les démarches de Démocède, & de le ramener en Perfe.

Les émiffaires de Darius arrivèrent à Tarente, & furent arrêtés comme efpions ; Démocède profita de l'occafion, fe fit reconnaître, & devenu libre, fe rendit à Crotone où il était né ; à peine commençait il à refpirer cet air de la patrie, qui ne reffemble point à celui qu'on refpire ailleurs, que les Perfes, captifs dans

Tarente, furent relâchés ; instruits de la fuite de Démocède, ils volent à Crotone, le rencontrent dans la place publique, & veulent l'arrêter ; le peuple s'émeut ; on maltraite les ravisseurs de Démocède, & ils font obligés de s'en retourner en Asie, n'ofant pourfuivre leur voyage dans la Grèce, parce qu'ils n'avaient plus de guide pour les conduire.

Pour multiplier encore les chaînes qui le liaient à fa patrie, Démocède y époufa la fille du célèbre athlète Milon, & il eut l'audace d'en inftruire le Roi de Perfe.

Darius, outré de fe voir joué par un homme qu'il avait comblé de bienfaits, jura de le punir lui & la patrie qui l'avait vu naître, & la Grèce entière qui le protégeait ; tel fut, fuivant Hérodote, l'origine de la guerre mémorable entre les Grecs & les Perfes.

EXPEDITION

DES

PERSES.

BATAILLE DE MARATHON (a).

Les alarmes d'Athènes, au sujet de la vengeance de Lacédémone, n'avaient pas été sans fondemens. Cléomène avait soulevé presque tout le Péloponèse, & la ville de Solon allait succomber, lorsque les Corynthiens, réfléchissant que son asservissement allait priver la balance de

---

(a) *Ctésias*, in Biblioth. Photii, cod. 72; *Herod.* lib. 5 & 6; *Plutarch.* apopht. Laconic. & de gloriâ Athenienf.; *Justin*, lib. 2; *Cornel. Nep.* in Miltiade.

la Grèce d'un de ses contre-poids, abandonnèrent leurs alliés à la veille d'une bataille, ce qui rompit tout d'un coup la confédération.

Dans l'intervalle, les Perses faisaient de grands préparatifs de guerre, & Athènes essaya ses forces contre les barbares, en se mesurant avec les peuples de l'Eubée & avec les Eginètes, dont nous avons tracé l'histoire, avant de dessiner le tableau de la Grèce, à l'époque de l'expédition de Darius.

Les peuples de l'Eubée, sous prétexte de donner à Isagoras un trône qui lui était dû, avaient ravagé les côtes maritimes de l'Attique, pendant que Cléomène, pour la même cause, armait tout le Péloponèse. Les Athéniens, après la dissolution de la ligue, s'avancent sur les bords de l'Euripe, défont en bataille rangée les Béotiens qui venaient au secours des insulaires, s'emparent de Chalcis, & abandonnent la ville & tout le pays à une colonie de quatre mille de leurs concitoyens. Toute la nobleſſe de l'Eubée fut miſe dans les fers, ou paya une forte rançon pour ſe dérober à l'eſclavage. On voyait encore dans la citadelle d'Athènes, du tems d'Hérodote, les chaînes de ces inſulaires attachées contre des débris de murailles à demi-brûlées par les Perſes. De tels trophées dans un ſiècle philoſophique, aviliraient à la fois les vaincus & les vainqueurs.

Cependant un objet plus important attirait les regards de la Grèce ; une armée formidable de Darius, ſoutenue d'une flotte nombreuſe, menaçait d'envahir toutes les côtes occidentales de l'Aſie mineure, qui s'étaient dérobées à ſa domination. L'incendie avait commencé par une ſédition dans l'iſle de Naxos ; le parti qui avait ſuccombé ayant imploré la bienveillance des Perſes, ceux-ci vinrent faire le ſiège de la capitale ; mais la diſcipline triompha du nombre, & après quatre mois de tentatives qui leur coûtèrent beaucoup de ſang, les barbares abandonnèrent l'idée de la conquête des Cyclades.

Sur ces entrefaites, le Satrape Arifta-gore souleva toute l'Ionie contre les Perfes, & afin d'affurer fon indépendance, projetta une ligue offenfive & défenfive avec le Péloponèfe. Les premières propofitions furent faites à Lacédémone ; Cléomène qui en était encore Roi, eut une conférence avec Ariftagore, où celui-ci lui développa fon plan d'opérations militaires ; il ne s'agiffait de rien moins que de s'emparer de Suze & de détrôner le Roi des Rois : le Satrape avait apporté avec lui à cet effet une efpèce de carte gravée fur l'airain, où on voyait les noms de toutes les villes de l'Empire des Perfes, avec leur fituation refpective. Le Roi de Sparte qui ne connaiffait pas d'autre géographie que celle du Péloponèfe, où il voulait dominer, demanda au Satrape combien il y avait de chemin depuis l'extrémité occidentale de l'Afie mineure, jufqu'à la capitale de la Perfe ; la réponfe fut qu'il y avait de Sardes à Suze 450 parafanges, (environ 408 de nos lieues légales (*a*)), route qu'une armée bien difciplinée pouvait faire aifément en trois mois. Cléomène éclairé ne difcuta plus ; mais il ordonna à Ariftagore de fortir de Lacédémone, avant le coucher du foleil.

L'ufurpateur de l'Ionie s'adreffa à Athènes, & y trouva un accueil bien différent : car il eft bien plus aifé à une imagination exaltée d'en impofer à la multitude, qu'à un homme d'Etat qui calcule de fang froid tous les évènemens. La ligue fut conclue à l'inftant, & les nouveaux alliés du Satrape lui donnèrent une flotte de vingt vaiffeaux pour commencer la guerre. La première opération de la cam-

---

(*a*) La parafange a ... toifes de moins que nos lieues légales ; elle fe rapproche beaucoup plus de nos lieues aftronomiques, de 2 ; au degré, puifqu'elle n'en diffère que de 15 toifes. **Voyez** notre Tableau des *Mefures itinéraires*.

pagne fut de mettre le siége devant Sardes, capitale de l'ancienne Monarchie de
Créfus ; la ville fit peu de réfiftance, les
Grecs la brûlèrent ; pour la citadelle,
on n'ofa entreprendre de la réduire,
parce qu'elle était défendue à-la-fois par
la nature & par la valeur d'Artapherne,
le premier guerrier de la Perfe.

Darius, apprenant l'embrafement de
Sardes, fe livra à tout.l'emportement de
la fureur ; il décocha une flèche contre
le ciel, & commanda à un de fes Officiers, toutes les fois qu'il fe mettrait à
table, de lui dire : *Roi des Perfes, fou-
viens-toi qu'Athènes exifte, & que tu n'es
pas vengé.*

La prife de Sardes entraîna d'autres
conquêtes. Une flotte d'Ariftagore vint
réduire Byzance & plufieurs autres villes
de l'Hellefpont & de la Propontide.
Dans le même-tems les peuples de la
Carie, ainfi que les infulaires de Chypre, entrèrent dans la Confédération contre la Perfe ; ainfi l'enthoufiafme guerrier

de la multitude d'Athènes eut raiſon un moment, contre le ſang froid du Roi de Lacédémone.

Cependant le Satrape Mardonius s'avançait à grand pas pour venger l'incendie de Sardes, & punir la défection de l'Ionie. Il commença ſon expédition par la conquête de la Macédoine. Ce Royaume ne pouvait faire de défenſe, n'étant protégé ni par la politique de Philippe, ni par la valeur d'Alexandre. Pour la flotte des Perſes, elle répondit mal à l'attente de ſon Amiral; en doublant le mont Athos, elle eſſuya une ſi horrible tempête, que trois cents vaiſſeaux qui portaient vingt mille hommes, y périrent.

Cet échec ne rendit les Perſes que plus animés. Darius envoya, dans toute la Grèce, des Miniſtres revêtus d'un caractère public, pour demander en ſon nom la terre & l'eau; c'était le mot conſacré pour exprimer le vaſſelage. Egine & quelques autres villes peu importantes,

qui ne savaient pas être libres , obéirent
Les Puissances du second ordre qui trouvaient moins de danger dans la résistance , donnèrent une réponse équivoque,
attendant l'évènement pour se décider ;
mais Athènes & Sparte , mirent dans cette
négociation le courage de la férocité ; car
à peine les Envoyés eurent - ils exposé
les motifs de leur ambassade , qu'on les
fit jetter ici , dans un puits , & là , dans une
fosse profonde , en leur déclarant avec
une ironie amère , qu'il ne tenait qu'à
eux de prendre dans le lieu de leur supplice , la terre & l'eau dont la Grèce
voulait faire hommage à Darius. Cet
attentat abominable contre le droit des
gens , n'était ni dans la législation de
Lycurgue , ni dans celle de Solon ; au
reste Sparte revenue de sa première frénésie , répara d'une manière digne d'elle
ce crime de sa politique ; elle envoya
en Perse plusieurs de ses principaux citoyens qui s'étaient dévoués volontairement à la mort, pour satisfaire la ven-

geance de leurs ennemis. Xerxes régnait alors, & quelqu'altéré que le cœur de ce defpote fût de fang humain, il refpecta tant de grandeur d'ame, & renvoya ces victimes illuftres à Lacédémone.

Enfin, l'orage qui avait été tant d'années à fe former, creva fur la Grèce. Darius fit partir Datis avec une armée de cinq cents mille hommes, & une flotte de fix cents voiles, pour fubjuguer le Péloponèfe & l'Archipel. Les ordres du Général portaient en particulier de renverfer Eretrie, une des principales places de l'Eubée & Athènes; d'en brûler les édifices, & d'envoyer tous les habitans de ces villes prifonniers en Perfe. Datis remplit les vues de fon maître, par rapport à Eretrie qui fut réduite en cendres après un fiége de fept jours : cependant contre l'attente des Grecs, Darius ne fit pas conduire fes captifs fur l'échaffaut : il fe contenta de les envoyer peupler des landes, qui fe trouvaient à une lieue de Suze ; c'eſt là que ſix ſiècles après, cette colonie Grecque fut retrouvée par Apollonius le Héros de Philoſtrate.

L'armée conquérante, après la réduction de l'Eubée, entra dans l'Attique ; ce fut le fameux transfuge Hippias qui lui ſervit de guide, juſques dans la plaine de Marathon. Là elle rencontra les troupes d'Athènes, qui ſervaient de rempart au Péloponèſe, & on en vint à une bataille.

Les Perſes au nombre de cent mille hommes d'infanterie & de dix mille chevaux, ſourirent de pitié, quand ils virent s'étendre dans la plaine, les dix mille ſoldats que commandait Miltiade. Mais cette poignée d'hommes avait un Chef & une Patrie, & elle ne pouvait être appréciée par cent dix mille automates commandés par un premier eſclave.

On avait long-tems balancé dans le Conſeil de guerre, ſi on livrerait au haſard d'un combat néceſſairement inégal, la deſtinée de la République. Le projet d'attendre l'ennemi dans le fein de fes remparts, emportait tous les fuffrages. Miltiade qui croyait un trait d'audace néceffaire, dans le principe, pour décourager les barbares, ramena à fon avis la moitié de fes Collègues. Mais comme il y avait toujours partage d'opinions, on s'adreffa à Callimaque, qui, en qualité de Polemarque, avait fa voix comme les autres Chefs. » Athénien, » lui dit avec feu le Héros, le fort de » la patrie eft entre tes mains ; tu vas » prononcer fi Athènes va être libre ou » efclave. Un mot forti de ta bouche, » peut, fi mon preffentiment fe juftifie, » te metre au rang des Harmodius & des » Ariftogiton. « — Le mot fut prononcé, Callimaque fe rangea de l'avis de Miltiade, & on fe prépara à une bataille.

Le commandement de l'armée Grecque avait d'abord été déféré à dix Capitaines égaux en pouvoir. Ariftide qui craignit les dangers de cette efpèce d'Ariftocratie, dans une circonftance où il ne fallait pour réuffir que le coup-d'œil du génie, détermina fes Collégues à remettre, à fon exemple, l'autorité toute entière à l'homme qui avait le plus d'expérience. L'ambition individuelle céda à l'inftant au patriorifine, & le commandement fuprême fut déféré à Miltiade.

Le Général Athénien prit toutes les mefures de la prudence la plus confommée, pour rendre inutile la fupériorité que l'ennemi avait par le nombre de fes foldats. Il adoffa fa petite armée à une montagne, afin qu'on ne pût l'envelopper, & couvrit fes aîles du côté de la plaine, de grands arbres coupés avec tous leurs branchages, pour rompre les manœuvres de la cavalerie des Perfes. La mêlée commença par les aîles, Datis plia prefque dès le premier choc & s'ouvrit; la fortune favorifa moins le corps de bataille des Athéniens; comme il avait très-peu de profondeur, malgré la bravoure d'Ariftide & de Thémiftocle, il allait être enfoncé, lorfque heureufement les deux aîles victorieufes fe replièrent pour prendre les Perfes en flanc, & décidèrent ainfi la victoire. Datis périt fur le champ de bataille (*a*).

Les Perfes fe fauvèrent en défordre vers leur flotte, pour mettre la mer entre eux & leurs vainqueurs. Miltiade les pourfuivit & s'empara d'une partie de leurs vaiffeaux. C'eft à cette occafion que Cynégire, frère d'Efchyle, l'Auteur des Euménides, fignala, dirai-je, fa bravoure, dirai-je, fa férocité. Ce Guerrier avait faifi de fa main droite un navire ennemi pour tenter l'abordage ; cette main fut tranchée d'un coup de hache. Il y porta à l'inftant fa gauche qui eut le même fort ; alors il s'élança vers la proue qu'il faifit avec les dents, jufqu'à

(*a*) Du moins, tel eft le récit de Ctéfias, qu'il faut toujours fuivre, quand il eft en contradiction avec Hérodote.

ce que le poids de son corps, joint au roulis du vaisseau, le précipitât dans la mer. Ce trait d'héroïsme républicain, dont la raison au reste se permet de douter, a été consacré dans l'antiquité par des vers, des tableaux & des statues.

Au moment où la déroute des Perses commença, un soldat de Miltiade, encore fumant du sang ennemi, se détache de l'armée, & se précipite sur la route d'Athènes ; il fait les quinze lieues qui séparent Marathon de cette ville, sans rallentir sa course, & arrivé devant les Archontes, il ne leur dit que ces mots : *Miltiade est vainqueur,* & tombe mort à leurs pieds.

Les Perses avaient tellement compté sur la défaite des Grecs, qu'ils avaient amené un bloc de marbre à Marathon, pour y ériger un trophée, en l'honneur de Darius. Miltiade s'empara de ce bloc, & on en fit faire une statue de la Déesse de la vengeance, qui commença à faire connaître le ciseau & le génie de Phidias.

Cette bataille de Marathon forme une grande époque, dans l'histoire Grecque. Elle répand le jour dans toute la chronologie de la Grèce; il paraît, par la conciliation de la chronique des marbres avec l'Ere des Olympiades, qu'elle tomba l'an 1092 de l'Ere de Paros, qui répond à la troisième de la soixante-douzième Olympiade.

Darius apprit, dans Suze, la défaite de son armée, & se livra de nouveau à une fureur d'autant plus absurde, qu'elle était devenue impuissante; il fit, pendant le reste de son règne, les préparatifs les plus extraordinaires pour se venger d'Athènes & de toute la Grèce; mais il ne vécut pas assez, pour voir l'Asie se précipiter, sans fruit, sur l'Europe; ce spectacle était réservé à Xerxès son fils, Despote non moins superbe, & encore plus malheureux.

D E

MILTIADE (*a*).

LE vainqueur de Marathon était d'une des familles les plus illuftres d'Athènes ; fa jeunefle brillante annonça qu'il ferait un jour un des héros de la Grèce ; fa patrie, ayant eu deffein d'envoyer une colonie dans la Cherfonèfe de Thrace, incertaine fur le choix du chef qui devait préfider à cette entreprife, s'adreffa à l'oracle de Delphes, pour fixer fes irréfolutions ; la Pythie, meilleure politique que les Archontes, déclara que Miltiade était le plus vaillant des Grecs, comme dans la fuite, elle décida que Socrate en

(*a*) *Cornel. Nep.* in Miltiade. *Herod.* lib. 6 ; *Plat.* in Gorg.

était le plus fage ; & ces deux jugemens, confirmés par les fiècles, les ont rendus plus indulgens fur l'impofture de fes oracles.

Miltiade partit, à la tête d'une flotte, enleva la Cherfonèfe aux Thraces, fubjugua l'ifle de Lemnos & les Cyclades, & fit refpecter le nom Athénien fur toutes les mers du Péloponèfe.

Il ne tenait qu'à Miltiade de fe créer une Souveraineté indépendante, au milieu de fes conquêtes ; mais le héros d'une République naiffante eft toujours généreux ; il conferva la Cherfonèfe & les Cyclades à fa patrie, & lorfqu'à l'invafion des Perfes, celle-ci eut befoin de fes fervices, il quitta fon gouvernement, pour venir apprendre à fes concitoyens à vaincre ou à mourir.

Miltiade vainquit à Marathon, & n'en fut pas plus puiffant dans Athènes ; l'unique récompenfe qu'on lui accorda pour une victoire, due prefque toute entière à fon génie, fut de faire peindre la journée

de Marathon par le célèbre Polygnote, &
de placer ce tableau national dans une
galerie publique, où tout le monde pouvait venir admirer l'artifte & fon héros.
Les Athéniens, dans la fuite, ne furent
pas fi bien fervis par leurs grands hommes, & les récompensèrent mieux. C'eft
ainfi que pour des exploits qui ne valaient
pas la victoire de Marathon, ils décernè-
rent, en un feul jour, trois cents ftatues
à Démétrius de Phalère. Il eft vrai que la
mémoire de Miltiade fut bientôt vengée
du parallèle; les trois cens ftatues de
Démétrius furent renverfées à la fois de
fon vivant, & la Grèce a ceffé d'être,
avant la deftruction du tableau de Polygnote.

Il femblait que la reconnaiffance d'A-
thènes, envers fon libérateur, dût, par
fa fimplicité fublime, être à l'abri de
l'inconftance; mais le peuple ombrageux
refpecta moins le vainqueur de Marathon que fon tableau; ce fut l'expédition
malheureufe de ce grand homme, contre

les Insulaires de Paros , qui amena le crime de sa République.

Les Cyclades , au tems de l'invasion de Datis , s'étaient données à Darius ; après la victoire de Marathon , Miltiade fut envoyé à la tête de sept cents voiles pour les punir de leur perfidie ; toutes rentrèrent, en effet sous la dépendance d'Athènes , à l'exception de Paros, qui, fière de son opulence, voulut avoir le droit de se choisir, non des maîtres , mais des protecteurs ; Miltiade descendit alors dans l'isle avec toutes ses forces , & mit le siége devant la capitale ; il était sur le point de la réduire , lorsque le feu prit , pendant la nuit , à une forêt placée sur le continent , en face de l'isle ; l'Amiral se persuada que c'était un signal donné par la flotte de Darius , & comme il ne se croyait pas en état de tenir la mer , devant un ennemi qui la couvrait de ses vaisseaux, il brûla à l'instant ses machines de guerre , leva le siége , & fit voile vers l'Attique.

Ajoutons , à la justification de ce grand

homme , que lorfque l'incendie de la forêt l'engagea à donner à fa flotte le fignal de la retraite , il était mourant d'une bleffure qu'il venait de recevoir au fiége de Paros; il crut qu'une tête, affaiblie par la douleur , ne pouvait avoir le génie du commandement , & il aima mieux , fi l'alarme fe trouvait mal fondée , donner à fa prudence l'air de la timidité , que d'expofer , dans le cas contraire , fa patrie à la honte d'une défaite.

Les ennemis de Miltiade (car il était trop grand pour n'en pas avoir) ne jugèrent pas cette retraite, avec une équité auffi indulgente ; Xantippe , le plus acharné , parce qu'il fentait l'énorme diftance qui le féparait du vainqueur de Marathon , l'accufa de s'être laiffé corrompre par l'or des Perfes , pour lever le fiége de Paros; cette calomnie , ourdie avec beaucoup d'art & préparée de loin par de vagues foupçons jettés parmi la multitude, fut accueillie, dans une affemblée nationale ; on condamna Miltiade , comme coupable de haute trahison, à subir le supplice des grands criminels, c'eft-à-dire, à être précipité dans un abyme fans fonds. Ce qu'il y a de plus affreux dans ce jugement, c'eft qu'à croire les Hiftoriens de Miltiade, le peuple même qui le condamnait, n'était rien moins que perfuadé de fes intelligences criminelles avec les Perfes ; le vrai crime de ce grand homme, aux yeux de fa patrie, était d'avoir trop bien mérité d'elle par fes fervices, & de lui avoir fait craindre que l'unique moyen de s'acquitter, fût de lui confier le defpotifme de Pififtrate.

Cependant, Athènes entière ne fut pas flétrie du fupplice de Miltiade ; à peine l'arrêt eût-il été prononcé, qu'il excita la réclamation la plus forte de la part des gens de bien, qui fe trouvaient dans la Magiftrature ; l'alarme devint auffi vive parmi tout ce qui n'était ni trembleur ni factieux, que fi l'ennemi eût été aux portes de la ville ; il fallut alors revenir fur fes pas, & commuer la fentence de mort en une amende ; malheureuſement le parti des calomniateurs dominait encore, & il obtint que l'amende monterait à cinquante talens (270,833 livres de notre monnaie) ; c'étaient les frais de l'armement pour l'expédition des Cyclades. Miltiade, hors d'état de payer une pareille ſomme, fut jetté dans une priſon, où il mourut de ſa bleſſure.

Miltiade avait épouſé, dans la Cherſonèſe, Hégéſipyle, fille d'un Roi de la Thrace, dont il avait eu Cimon, qui devint ſi célèbre dans la ſuite. Comme par les loix d'Athènes, le vainqueur de Marathon, n'ayant point ſatisfait à ſa patrie, était privé des honneurs funèbres, le jeune héros, qui n'avait hérité que de ſa gloire, ſe déclara débiteur des cinquante talens, vendit le peu de biens qu'il poſſédait, épuiſa la fortune de ſes amis, paya l'amende entière, &, à ce prix, obtint le droit d'enſevelir ſon père. De pareils traits ne ſe trouvent que dans l'hiſtoire des Républiques.

Hégésipyle, après la mort de Miltiade,
épousa un autre citoyen, qui devint l'ayeul
de l'Historien Thucydide.

COMMENCEMENT

D'ARISTIDE ET DE THÉMISTOCLE (*a*).

LE siècle dont l'histoire nous occupe, est fécond en grands hommes ; il faut l'attribuer à l'invasion des barbares, qui, en doublant les dangers de la résistance, ne pouvait que l'ennoblir ; à la liberté, qui fait naître tant d'idées généreuses, aux convulsions mêmes du Gouvernement Républicain, qui ajoutent un nouveau ressort au courage, & étendent la carrière de la gloire, en mettant tout le monde à portée d'en jouir. L'histoire d'Athènes est, sur-tout, à cet égard, l'Histoire des Hommes par excellence.

(*a*) *Plutarch.* in Aristide , & in vitâ Themistocl.

Ariſtide, ou l'homme juſte, car ces deux mots ſont devenus ſynonymes dans les annales de l'antiquité, fut élevé avec Thémiſtocle ; le caractère de ces deux hommes, qui devaient ſe rencontrer toute leur vie ſur la route de la gloire, ne ſe rapprochait par aucun point de contact. Thémiſtocle, ſouple, fécond en ruſes, exercé à tout le manège de la politique, d'ailleurs hardi à tout entreprendre & à tout exécuter, cherchait le bien général, mais faiſait quelquefois le mal pour y arriver plus rapidement ; ſa patrie, pourvu qu'elle l'honorât, avait tout droit à ſes ſervices, mais malheur à ſes rivaux, s'ils voulaient partager l'honneur de ſa confiance ! malheur à la patrie même, ſi elle prétendait être ſervie ſans retour ! héros dangereux, parce que ſon génie conduiſait ſon cœur, & qu'il n'employait la vertu, qu'autant qu'elle lui ſervait d'échelon pour atteindre à la célébrité.

Ariſtide avait des principes plus auſtères ; il voulait que toutes les paſſions

individuelles pliâffent au gré de l'intérêt
national ; perfuadé qu'il n'y avait point
de contrat particulier entre la patrie &
chaque citoyen , il penfait qu'un héros
devait aller à la gloire , fans prétendre à
d'autre reconnaiffance qu'à celle des fiècles à naître. Ce défintéreffement fublime
fut la bafe de toutes fes actions , & fi
la vertu eft réellement un grand facrifice,
perfonne ne mérita plus le titre de vertueux que ce grand homme.

On fent que Thémiftocle , avec fon
fyftême , était plus fait que fon rival pour
dominer dans une République ; en effet,
il avait un parti puiffant, avec lequel il
menait fes concitoyens ; pour Ariftide,
il marchait feul dans la carrière de l'adminiftration ; auffi, quand il réuffiffait dans
fes projets patriotiques, il recueillait une
double gloire, parce qu'il avait eu à lutter
à la fois contre les hommes & contre
les abus.

Cet amour de l'ordre , qui caractérifait
l'ame magnanime d'Ariftide , ne fe dé-

mentit jamais; il le fit quelquefois fervir contre lui-même: un jour, que calomnié par un homme puiffant, il pourfuivait, aux pieds du tribunal, la réparation de fon honneur, injuftement flétri, après fon plaidoyer, il s'apperçut que les Juges, qui fe croyaient fuffifamment éclairés, allaient condamner tout d'une voix fon adverfaire fans l'entendre; alors il fe leva de fa place, & s'uniffant avec l'homme qui l'avait calomnié, il fe jetta aux genoux des Magiftrats, pour les conjurer de ne point priver un citoyen du privilége que lui donnait la loi; il s'expofait, ainfi, à fuccomber dans une caufe infiniment délicate, plutôt que de triompher par une voie dont fa patrie aurait eu à rougir.

Les intrigues de Thémiftocle empê-chèrent long-tems la vertu d'Ariftide de jouir d'un autre prix que de fon propre fuffrage; mais enfin, Athènes fut jufte envers lui, comme il l'était envers elle, & un jour il en reçut un témoignage public, bien flatteur: on jouait, fur le théâtre , les Sept Chefs devant Thèbes , un des chef - d'œuvres d'Eschyle. Lorsque l'Acteur en vint à ce trait sur Amphiaraüs : *Il ne veut pas paraître homme de bien , mais l'être ,* tout le peuple se retourna avec attendrissement du côté d'Aristide , & s'applaudit de compter , parmi ses concitoyens , un second Amphiaraüs.

Aristide jouissait déja de toute sa renommée , quand on le nomma administrateur des finances de la République ; ce grand homme répondit à la confiance de sa patrie, en soumettant au travail d'une nouvelle révision , les opérations de ses prédécesseurs : il n'eut pas de peine à reconnaître les déprédations des anciens administrateurs , & pour maintenir les mœurs publiques, il eut le courage de les mettre au grand jour. Thémistocle était au nombre des prévaricateurs ; outré de se voir dévoilé, il fit jouer tous les ressorts de sa politique dangereuse. Sa faction toute entière parut à la place publique, & quand Aristide vint rendre fes comptes, elle eut l'audace de le faire condamner lui - même, comme ayant malverfé. Un jugement auffi inique était évidemment l'ouvrage d'une cabale odieufe ; le fang-froid de la réflexion le réforma : non - feulement on remit au jufte perfécuté fon amende, mais encore, pour le convaincre que l'arrêt qui avait tenté de le flétrir, n'était pas un jugement national, on lui confia de nouveau, pour l'année fuivante, l'adminiftration des finances. Ariftide, juftifié, chercha à éclairer fa patrie, & non à fe venger de Thémiftocle.

Il feignit, pendant le cours de fa nouvelle geftion, de changer de fyftême ; devenu d'un accès facile pour les Traitans fubalternes, il ne révifa point leurs comptes, & les laiffa dévorer impunément la fubf-tance du peuple ; le crime a fa reconnaiffance comme la vertu ; à la fin de l'année, toutes ces fang-fues publiques, qui avaient tant à fe louer de l'indulgence d'Ariftide, élevèrent fon nom jufqu'aux nues, & cabalèrent pour le faire proroger encore une année dans sa Magistrature. Ici le sage déchira le voile de l'apologue ; voyant que tous les suffrages se réunissaient en sa faveur : » Citoyens, » arrêtez, leur dit-il, & jugez-vous. Quoi! » lorsque j'ai administré vos finances, » avec une intégrité qui, à la honte de » vos mœurs, est regardée comme un » trait de vertu, vous m'avez flétri par » un jugement odieux, & aujourd'hui, » que je n'ai point éclairé les dépréda- » tions des vautours qui vous dévorent, » je suis récompensé comme le plus » homme de bien de la République ! Je » vous déclare que je rougis bien plus » de l'honneur que vous voulez me faire » en ce moment, que de l'amende igno- » minieuse à laquelle vous me condam- » nâtes l'année dernière. Si, pour mé- » riter vos bienfaits, il faut plaire à vos » tyrans, choisissez d'autres Magistrats, & » laissez-moi mon obscurité & ma vertu «.

Aristide, vertueux par principe & par

tempérament, ne pouvait fe démentir. Il partageait, à Marathon, le commandement de l'armée Athénienne, avec plufieurs chefs; nous avons vu qu'il ouvrit le premier l'avis de fe laiffer guider par les feules lumières de Miltiade. Après la bataille, on le chargea de garder, avec fa tribu, le butin immenfe fait fur les Perfes, tandis que le refte de l'armée portait l'incendie dans la flotte de Darius; ce grand homme ne daigna feulement pas promener fes regards fur cet or amoncelé dans les tentes des vaincus, & fon défintéreffement était d'autant plus remarquable, qu'il contraftait davantage avec la cupidité de Callias. Ce Callias avait une efpèce de facerdoce, qui l'autorifait à ceindre fes cheveux d'un bandeau de grand prix; un barbare, trompé par cette apparence de diadême, fe profterna devant lui, & lui parlant comme à un Roi dont il avait intérêt de capter la bienveillance, il lui enfeigna un puits qui recélait des fommes immenfes, qu'on y

avait enfouies ; le brigand facré , non-
feulement s'empara du tréfor , mais encore , égorgea le Perfe qui le lui avait
indiqué.

Il était impoffible qu'Ariftide , devenu
par le fpectacle de fa vertu , le cenfeur
tacite de fes concitoyens , ne devînt , à la
longue , odieux à tout ce qui n'était pas
tenté de le prendre pour modèle. Quand
cette haîne , à force de fermenter dans
des ames abjectes , fut parvenue à fon
comble , on fouleva contre lui le peuple ,
qui le condamna à l'Oftracifme. Ce grand
homme , au moment même où on caba-
lait pour fa profcription , eut un témoignage bien flatteur , de la haute idée
qu'Athènes avait de fa vertu : comme il
s'avançait vers la place publique , vêtu
avec toute la modeftie de l'âge d'or , un
habitant de la campagne , qui le prit pour
un homme du peuple , s'approcha de lui ,
& , lui avouant qu'il ne favait ni lire ni
écrire , le pria de mettre le nom d'Ariftide
fur fa coquille d'oftracifme : *Mon ami ,*

lui dit le sage, *sans doute que cet Ariſtide t'a fait quelqu'injure.* — *Point du tout ; mais je ſuis bleſſé de l'entendre nommer par-tout le juſte par excellence.* — Ariſtide, ſans répondre un ſeul mot, prend la coquille, & y écrit le nom du *juſte par excellence.*

Le jour qu'Ariſtide partit pour ſon exil, tournant ſes regards attendris vers ſa patrie, qu'il croyait voir pour la dernière fois : » Ciel, qui vois mon cœur, s'écria-t-il, » fais qu'Athènes, toujours heureuſe, n'ait » jamais beſoin de me rappeller dans ſon » ſein «. — Le Ciel voulait venger Ariſtide, & ce ſage ne fut point exaucé.

Thémiſtocle eut une grande part à cette iniquité d'Athènes, & on eſt fâché de voir un perſonnage que la poſtérité voudrait eſtimer, l'ennemi éternel d'un héros tel qu'Ariſtide. Il eſt certain que Thémiſtocle rendit de grands ſervices à ſa patrie, tant qu'elle ne fut point ingrate ; il fit ſes premières armes ſous Miltiade, & il étudia long-tems ce grand Capitaine, afin de pouvoir un jour l'effacer. Après la bataille de Marathon, on le vit se renfermer dans sa maison, renonçant aux festins & aux spectacles, & ne se montrant qu'absorbé dans la plus profonde rêverie ; ses amis cherchaient à le tirer de cette anxiété fatale : » Je ne vois rien, » leur disait-il, mes yeux sont obsédés » sans cesse par la vue des trophées de » Miltiade «.

Athènes, jusqu'à la bataille de Marathon, n'avait point eu de marine ; Thémistocle, qui voulait procurer à sa patrie la prépondérance dans la Grèce, se vit à peine le pouvoir en main, qu'il tourna toutes ses vues vers cette partie de l'administration. Il y avait, dans le sein d'une montagne de l'Attique, située près du promontoire Sunium, une mine d'argent, qu'on exploitait, depuis long-tems, au profit des Membres de chaque tribu ; Thémistocle, dans une assemblée nationale, eut l'art de changer la destination de ces revenus, & de les faire employer à la conftruction d'une flotte formidable, capable de procurer à fes concitoyens l'empire des mers ; on conftruifit, en effet, dans les chantiers de l'Attique, cent galères, qu'on fit manœuvrer dans les principes des Phéniciens. Les Athéniens qui les montèrent, fuppléèrent, par le patriotifme, à l'expérience, & en peu de tems, ils fixèrent fur eux les regards de l'Afie & de l'Europe. Cette marine naiffante, fut le germe de leurs triomphes lors de l'invafion de Xerxès ; ainfi, la Grèce, à cette époque, dut fon falut à la politique de Thémiftocle.

Thémiftocle aimait l'argent ; mais l'emploi noble auquel il le deftinait, faifait oublier fouvent la baffeffe des voies qu'il employait pour l'amaffer. Après l'exil d'Ariftide, on parlait d'un nouvel armement de Darius, deftiné à venger fa défaite à Marathon, & Athènes s'était affemblée pour élire fes Généraux. Comme le malheur d'Ariftide avait intimidé tous les guerriers dignes de le remplacer, au-

cun citoyen de nom ne fe préfentait ;
un certain Epycide, Orateur véhément,
mais n'ayant que le génie de l'intrigue
& le courage de la parole, ofa fe mettre
fur les rangs, & comme il fe trouvait fans
concurrens, il était fur le point d'obtenir
tous les fuffrages : Thémiftocle, qui vit
Athènes perdue, fi elle donnait un pareil
fucceffeur aux Ariftide & aux Miltiade,
prit fon parti à l'inftant : comme cet Epycide n'était point à l'épreuve de l'or qui
féduit toutes les ames viles, il lui offrit
une fomme confidérable, s'il voulait fe
défifter ; l'Orateur accepta, & l'honneur
de la patrie fut ainfi fauvé, grâce à l'or
de Thémiftocle.

C'eft dans l'expédition de Xerxès, que
nous apprécierons mieux cet homme
célèbre, qui fut le Céfar d'Athènes,
par fon génie deftructeur & par fes grands
talens politiques, par les fervices qu'il
rendit à fa patrie & par fes crimes.

PRÉPARATIFS

DE

XERXÈS,

POUR ENVAHIR LA GRÈCE (a).

A peine Xerxès fut-il Roi de la Perse, que se croyant le génie de Cyrus, dont il occupait le trône, il songea à ajouter la Grèce à son Empire. Il assembla à cet effet un conseil d'Etat, & il y parla avec

---

(a) Nos guides, dans ce chapitre & les suivans, sont *Herod.* lib. 7, 8 & 9 ; *Diod. Sicul.* lib. 11 ; *Thucyd.* lib. 1, *Plutarch.* in Themistocl. Aristid. Cimon. & in Apophr. Lacon. ; *Pausan.* lib. 10 ; *Cornel. Nep.* in Themistocl. & Pausan.

cette

cette préfomption d'un jeune Defpote qui fe croit tout ce que difent de lui fes adulateurs. » Le moment eft vènu » de venger l'incendie de Sardes, & » l'opprobre dont nos armes fe font » couvertes aux plaines de Marathon ; » je pars pour réduire cette Grèce au- » dacieufe ; delà , j'irai fubjuguer l'Eu- » rope ; car quel eft le peuple fur le globe » qui ofera me réfifter ? De retour de » mon expédition, la Perfe me devra » *de n'avoir d'autres frontières que le ciel* » *qui l'éclaire* (a) «.

Mardonius parla après le Prince, & lui dit, en face, ce que Pline n'ofa jamais dire à Trajan ; c'eft-à-dire que non feu- lement il était le plus grand des Rois qui euffent régné dans l'Empire, mais que dans la poftérité la plus reculée, on n'en verrait aucune l'égaler. Xerxès fut

______

(a) Tout le fonds de ce difcours eft extrait, avec la plus grande fidélité, d'Hérodote, lib. 7.

très-flatté de voir que son règne d'un jour était déja le plus mémorable de tous les règnes de la Perse, & il crut, sans peine, à la prophétie de Mardonius.

Il semble qu'après la harangue de Xerxès & le panégyrique de Mardonius, il n'y avait plus à délibérer dans le conseil, & que la guerre contre les Grecs était déterminée; mais Artabane, oncle du Roi, se leva, & parla avec une franchise & une vérité qu'on ne devait attendre que d'un Spartiate, & non de l'esclave titré d'un Despote; il peignit les Grecs tels qu'ils étaient, c'est-à-dire comme des hommes fiers d'avoir une patrie, & qui combattraient toujours avec avantage contre ceux qui n'en avaient pas ; il dévoila l'ambition de Mardonius, qui ne conseillait à son Souverain une guerre injuste, que pour avoir le commandement de ses armées, & il finit son discours par une proposition bien étrange, mais qui prouvait combien il était pénétré de la vérité de ce qu'il avançait. » Que le

» Roi, dit-il, reste en Perse, & laissons
» auprès de lui nos enfans, comme des
» garans de la sagesse de nos conseils ;
» toi, Mardonius, tu marcheras, pendant
» ce tems-là, contre la Grèce ; si tu es
» vainqueur, je consens d'aller, moi &
» mes enfans sur l'échaffaut ; mais si,
» comme je n'en doute point, tu ne re-
» viens à Suze qu'avec les débris d'une
» armée vingt fois défaite, il faut que
» ta tête, & celles de tes fils, venge tout
» le sang innocent que ton ambition té-
» méraire aura fait répandre «.

Xerxès, qui croyait respirer encore
l'encens dont l'avait enivré Mardonius,
fut vivement blessé des représentations
d'Artabane, & il ne lui dissimula pas
que sans les liens du sang qui l'unissaient
à lui, il aurait payé ses conseils de la vie.
Les autres grands de la Perse, alarmés
des suites du courage d'Artabane, opi-
nèrent comme Xerxès, & la guerre fut
résolue.

Telle fut l'issue de ce fameux conseil

d'Etat , qui ne fut affemblé que pour prouver qu'on pouvait s'en paffer. C'eft ainfi qu'on délibère encore dans les Divans de Conftantinople , de Delhy & d'Ifpahan , & tous ces confeils s'appellent toujours des confeils d'Etat , quoiqu'il foit bien avéré que l'Etat eft tout entier dans la perfonne du Defpote.

Les préparatifs de cette guerre mémorable durèrent quatre ans ; dans l'intervalle , Xerxès eut la fage politique de faire une ligue offenfive & défenfive avec Carthage, qui acheta, dit-on, avec l'argent de la Perfe , une armée de trois cents mille hommes (a).

Je ne fais s'il faut ranger parmi ces traits de faine politique, l'entreprife de Xerxès pour percer le mont Athos ; ce

____

(a) Diod. Sicul. *Hiftor. Univerf.* lib. 11 , cap. 1 ; cette armée , au refte , fut inutile à Xerxès , parce que dans le tems de fon invafion de la Grèce , elle fut taillée en pièces par Gelon , Roi de Syracufe.

mont célèbre, dont on voulut faire dans la suite une statue d'Alexandre, s'avançait fort au loin de la mer, & tenait au continent par un isthme de la longueur de douze stades ; la mer, toujours orageuse autour de ses côtes, avait été fatale, quelques années auparavant, à une flotte de la Perse, qui avait voulu doubler le Promontoire. Xerxès, qui ne voulait point faire transporter ses vaisseaux par-dessus l'isthme, comme c'était l'usage, imagina de faire couper la montagne, pour procurer un libre passage à sa flotte ; cet ouvrage était digne de Sémiramis, mais il ne fut point exécuté avec le génie de Sémiramis.

Xerxès commença par écrire une lettre au mont Athos, où il le menaçait, s'il avait l'audace d'opposer à la hache de ses soldats une barrière de rochers, de le couper lui-même, & de le précipiter tout entier dans la mer (a). Les Architectes

______

(a) Plutarch. tome 2, *de irâ Cohibendâ.*

du Prince, qui n'attendaient aucune réponse à une pareille lettre, cherchèrent prudemment, le long de l'isthme, un terrein favorable, & l'ayant rencontré, ils y firent creuser un canal assez spacieux pour que deux vaisseaux à trois rangs de rames pûssent y voguer de front; les travaux durèrent trois ans, & on y employa autant de monde que les Pharaons pour élever leurs frivoles pyramides.

Ce canal, monument de l'ostentation de Xerxès, plutôt que du desir d'être utile aux hommes, ne subsista pas longtems; il se trouva peu à peu obstrué par les sables que les flots de la mer amoncelèrent, & au bout de quelques siècles, le voyageur, qui en cherchait vainement les traces, demandait s'il avait jamais existé (a).

Xerxès, qui ne faisait rien comme le

______

(a) C'est à quoi fait allusion Juvenal dans ces vers si connus :

Perforatus Athos, & quidquid Græcia mendax.
Audet in Historia. . . . . . .

refte des hommes, après avoir coupé le mont Athos, pour fe difpenfer de faire le tour d'un ifthme de douze ftades, commanda qu'on conftruisît un pont de bateaux fur l'Hellefpont, afin de fauver à fon armée de terre, une navigation de quelques heures fur le Détroit; l'ouvrage fut achevé en peu de mois; mais une tempête violente qui furvint, rompit le pont dans une nuit, difperfa les vaiffeaux qui le compofaient, & les fit échouer contre le rivage.

Le Roi, inftruit de ce défaftre, s'en prit à la mer du renverfement de fon pont; il ne lui écrivit point de lettres, comme il avait fait au mont Athos, mais il alla lui parler lui-même. » Perfide élément, » lui dit-il, tu m'as offenfé fans raifon, » & je vais t'en punir; que m'importe » que tu élèves encore tes vagues auda- » cieufes? je fuis ton maître, & je faurai » les dompter «.

Après ce difcours extravagant, Xerxès commanda qu'on donnât trois cents coups

de verges à l'Hellespont, & qu'on jettât,
dans son sein, deux paires de chaînes,
avec un de ces fers ardens qui servait à
noter d'infamie les scélérats qu'on envoyait au supplice.

Ainsi vengé des élémens, qui avaient
eu la témérité de contrarier un Despote
dans ses projets, Xerxès voulut qu'on
construisît un nouveau pont de bateaux
sur l'Hellespont ; & pour encourager les
entrepreneurs, il fit couper la tête à tous
ceux qui avaient eu la direction du premier ouvrage ; les malheureux esclaves
qu'on leur substitua, craignant de mourir, mirent toute leur intelligence à satisfaire le Roi de Perse ; ils placèrent en
travers 360 vaisseaux, dont les flancs
regardaient le Pont - Euxin, & du côté
de l'Hellespont, ils en disposèrent 300
autres en forme de pyramide pour rompre
le courant & anéantir l'effort des vagues ;
cette vaste digue, bien arrêtée dans la mer
par des ancres, fut revêtue d'un plancher
solide, & environnée de barrières, afin

que la vue de la mer n'épouvantât ni les hommes, ni les chevaux ; l'ouvrage achevé, on se hâta d'en avertir Xerxès, qui, voyant enfin les élémens soumis à sa puissance, se félicita de leur en avoir imposé en faisant frapper de verges le Pont-Euxin.

Xerxès partit de Sardes à la tête de l'armée la plus formidable qui ait jamais surchargé la surface du globe ; on croit qu'elle était composée de dix-sept cents mille hommes de pied, & de quatre-vingt mille chevaux. La flotte consistait en douze cents sept vaisseaux armés en guerre, & en trois mille galères de transport, sur lesquels on avait embarqué plus de cinq cents mille hommes ; outre cela, quand les Perses entrèrent en Europe, ils trouvèrent deux cents vaisseaux de renfort, & trois cents mille hommes de troupes auxiliaires ; si à ce nombre prodigieux de soldats, on ajoute les hommes qui étaient chargés de l'approvisionnement & des bagages, les esclaves, les eunuques & les femmes, on trouvera que la Grèce se trouva tout-à-coup inondée de cinq millions de Barbares ( ).

Je sais que ce calcul d'Hérodote, adopté cependant par Plutarque (*b*), est exagéré ; mais en le réduisant, avec le sage Diodore, à peine atteindra - t - il encore les bornes de la vraisemblance. Il paraît, dit cet Historien, par l'inscription du monument qu'on érigea à Léonidas, que deux millions de Perses se battirent contre les trois cents héros des Thermopyles (*c*). Deux millions de soldats supposent, en comptant les vivriers, les esclaves, les eunuques & les femmes, un million de bouches inutiles ; ainsi tout porterait à croire que Xerxès

---

(*a*) Hérodote dit en propres termes, vers la fin du liv. 7 de son Histoire, qu'il y avait, dans l'armée de Xerxès, arrivé aux Thermopyles, 5,283,220 hommes.

(*b*) *In vitâ Themistocl.*

c) *Histor. Univers.* lib. 11.

traîna à sa suite près de trois millions d'hommes.

Au moment où l'armée des Perses commençait à défiler pour se rendre de Sardes en Europe, il y eut une éclipse totale & centrale du soleil (*a*) ; les soldats, qui virent tout-à-coup une nuit profonde succéder à la plus vive lumière, crurent, ainsi que les sauvages, que le globe allait se dissoudre. Les Mages, qui étaient Physiciens, les rassurèrent ; & pour faire leur cour au Roi, ils ajoutèrent que cette éclipse annonçait le désastre entier de la Grèce ; Xerxès, qui désirait l'oracle, y crut ; & en général ce premier pas vers la crédulité fait presque toujours le crédit des oracles.

Xerxès, en traversant la Lydie, passa sur les terres de Pythius, simple citoyen, mais qui le disputait, par son faste &

____

(*a*) Je n'en parle que sur la foi d'Hérodote, car elle n'a pas été vérifiée par les Astronomes.

par fon opulence, à la plûpart des Monarques de l'Orient ; c'était lui qui avait fait préfent à Darius d'un platane d'or, & d'une vigne de même métal, qui avaient pour grappes des pierres précieufes d'un prix ineftimable (*a*) ; cette vigne avait été tranfportée dans le Palais de Suze, & pendait fur la tête du Roi, quand il était affis fur fon trône.

Ce Pythius nourrit, dit-on, magnifiquement les trois millions d'hommes de l'armée des Perfes pendant le féjour qu'ils firent fur fes terres, ce qui épuifa fi peu fes richeffes, qu'il offrit à Xerxès, pour fubvenir aux frais de la guerre, 2000 talens d'argent, & 3,993,000 dariques d'or, c'eft-à-dire un peu plus de quatre-vingt fept millions fept cents trente-un mille huit cents cinquante-huit livres de notre monnaie ; l'offre fut refufée, mais avec des diftinctions qui flattèrent le

---

(*a*) Athen. *Deipnofoph.* lib. 13.

Lydien ; Xerxès appella publiquement
Pythius fon ami, & celui-ci, qui croyait
à l'amitié des Defpotes, profita de l'accueil qu'on lui faifait pour demander que
de fes cinq enfans, qui fervaient dans
l'armée des Perfes, on lui laifsât l'aîné
pour être l'appui de fa vieilleffe. L'affreux
tyran répondit à ce cri de la nature,
élancé des entrailles d'un père, en fai-
fant fcier en deux le fils de Pythius, &
en ordonnant que l'armée entière défilât
entre les deux moitiés du cadavre. — Et
c'eft à de pareils monftres que la plus
belle partie du genre humain fe livre
pour être gouvernée ! Je fens que le fage
a befoin alors de toute fa vertu pour ne
pas croire à un génie du mal, à qui il a
été donné d'écrafer l'Univers.

Heureufement les tyrans, quelqu'a-
troces qu'ils foient, graces à l'inégalité
de leur caractère, ont des momens où
ils fe rapprochent des infortunés qu'ils
perfécutent ; je reconnais l'homme dans
Xerxès, quand du haut du promontoire

d'Abydos, jettant les yeux fur l'armée des Perfes, & réfléchiffant que fur ces millions d'êtres intelligens, il n'y en aurait pas un feul qui exifterait au bout d'un fiècle, il fe mit à verfer des larmes en abondance; mais ces larmes furent ftériles, & il ne revint point en Perfe prolonger la vie de fes fujets en les rendant heureux.

ATHÈNES ET LACÉDÉMONE

S'ARMENT POUR CONSERVER

LEUR INDÉPENDANCE.

L'APPROCHE des Barbares répandit l'alarme dans toute la Grèce, mais elle ne se réunit point pour la cause commune ; elle avait cependant son Tribunal des Amphyctions, dont l'objet était d'armer, dans les grands dangers, tous les Etats de la confédération ; mais il y avait long-tems que la superstition avait dégradé cette belle institution politique. Les Membres du Tribunal, pleins de feu pour prévenir le pillage du temple de Delphes, pour venger une Pythie & des prêtres, se trouvaient sans voix, quand il s'agissait de prémunir contre l'invasion des Barbares ; ils oubliaient les guerres de la patrie, les seules que la Philosophie pardonne, pour allumer des guerres de religion.

Athènes & Lacédémone étaient les Puissances Grecques que Xerxès, dans son rêve de la conquête du monde, désirait le plus vivement d'exterminer ; ces Républiques ne s'endormirent point sur les trophées de Marathon ; elles avaient, depuis long-tems, des espions dans Sardes, qui leur faisaient part des moindres mouvemens de l'armée des Perses ; à la fin ils furent découverts & arrêtés. Déja on les conduisait au supplice, quand Xerxès, réfléchissant que leur mort ne servirait pas à la terreur qu'il voulait inspirer, se contenta d'ordonner qu'on leur montrât le spectacle imposant de ses troupes rangées en ordre de bataille, & les renvoya ensuite dans le Péloponèse : ce n'est pas la première fois que la vanité, plus forte que la cruauté naturelle, a engagé des tyrans à respecter le sang des hommes.

Athènes & Lacédémone, au récit de

ſes eſpions, n'eut que ce degré de terreur qui, en éclairant ſur le danger,
éclaire auſſi ſur les reſſources ; elles envoyèrent des Ambaſſadeurs chez toutes
les Puiſſances de l'Archipel & du Péloponèſe, pour oppoſer à l'Aſie, la ſeule
partie de l'Europe capable de lutter
contre elle ; mais la plûpart dénuées de
légiſlations vigoureuſes, préférèrent, à
la gloire de ſe défendre avec quelques
hommes libres, la prudence puſillanime
de ſe laiſſer protéger par le Maître de
trois millions d'eſclaves.

Argos avait promis de fournir, à la
ligue, un corps de troupes conſidérable,
à condition que ſon Général aurait, dans
l'armée, la même autorité que le Roi de
Lacédémone ; l'offre fut acceptée. La vanité Argienne, peu contente d'un pareil
ſacrifice, demanda bientôt après le commandement en chef, & ſur le refus de
Léonidas & des Ephores, on renonça à
l'alliance de la République.

La même vanité de commandement

empêcha Gelon , le plus puiffant des Souverains de la Sicile , de fournir les deux cents galères & les vingt-fix mille hommes qu'il avait promis de réunir aux troupes confédérées contre Xerxès ; au refte , ce fut un grand bonheur pour ce Prince d'avoir , en cette occafion , préféré à l'honneur du nom Grec , l'intérêt de fon orgueil ; car fon trône était renverfé , s'il avait dégarni fes Etats , à l'approche des trois cents mille hommes que Carthage envoyait pour la conquête de la Sicile.

La Crète répondit aux Ambaffadeurs qu'on lui envoya , en confultant l'Oracle de Delphes ; & la Pythie , auffi timide que les hommes faibles qui l'interrogeaient , ayant confeillé la neutralité , l'ifle de Minos ne donna aucun fecours aux deux Républiques.

Les infulaires de Corcyre , échauffés par les Orateurs d'Athènes , furent les feuls qui mirent en mer une flotte de foixante voiles ; mais cet enthoufiafme factice fe refroidit bientôt. A peine arrivé fur les côtes de la Laconie, l'Amiral fe contenta de croifer dans ces parages, attendant le fuccès d'une bataille navale, pour fe ranger du parti des vainqueurs.

Prefque tout le refte du Péloponèfe & de l'Archipel, reçut les loix de Xerxès fans combattre ; au milieu de cette défection générale, les villes de Lycurgue & de Solon osèrent fe fuffire à elles-mêmes & à la Grèce entière ; elles prononcèrent tacitement le *moi* fublime de Médée, &, grace au génie des Léonidas & des Thémiftocle, elles ne le prononcèrent point en vain.

EXPLOITS DE LÉONIDAS

A U X

THERMOPYLES.

Sparthe voyant approcher le torrent de barbares qui venait inonder la Grèce, avait envoyé fon Roi, Léonidas, avec trois cents hommes d'élite (*a*) pour garder le défilé des Thermopyles; Xerxès, qui s'imaginait qu'il lui fuffifait de fe préfenter devant les Grecs pour les fubjuguer, fut fort furpris d'apprendre qu'on voulait difputer le paffage à fes trois millions d'hommes ; il en marqua fon étonnement à Démarate : ce Démarate

---

(*a*) Diodore en met cinq cents. *Hiftor. Univ.* lib. 11, parag. 8 ; mais l'opinion que nous adoptons, eft celle de toute l'antiquité.

était, comme nous l'avons vu, un ancien Roi de Sparte, qui, banni de sa patrie, avait été chercher un asyle à la Cour de Darius. Quand les Perses lui demandèrent, comment, ayant le pouvoir suprême, il s'était laissé exiler, il répondit que dans sa patrie *le Roi était sans force devant la loi* (a) ; depuis, il s'était toujours exprimé, même à la Cour de Xerxès, avec un courage républicain, & quand ce Prince l'interrogea sur l'audace de Léonidas, le célèbre transfuge ne lui dissimula pas que trois cents hommes, élevés à Sparte, en valaient trois cents mille élevés à Suze ou à Persépolis. Xerxès jugea la réponse de Démarate si extravagante, qu'il ne s'en crut pas blessé, & c'est ainsi que ce Lacédémonien célèbre échappa au supplice.

Le Roi de Perse, arrivé au pied des Thermopyles, envoya sommer Léonidas

____

(a) Plutarch. *Apophtegm. Laconic.*

de livrer ſes armes. Le fier Spartiate ſe contenta de répondre au héraut : *Qu'il vienne les prendre , s'il l'oſe* (a). Quand on parle ainſi à un Deſpote , il faut le vaincre ou ſavoir mourir.

Xerxès (b) , le jour même , envoya dix mille Perſes pour forcer le paſſage des Thermopyles ; les Lacédémoniens les paſsèrent au fil de l'épée , & ne perdirent que trois hommes.

Le lendemain , vingt mille ſoldats vinrent ſe meſurer , ſur le champ de bataille contre la troupe de Léonidas , & ils eurent la même deſtinée.

Xerxès , le ſurlendemain , détacha de

(a) Plutarch. *loc. citat.* On vint dire à ce même Léonidas que les Perſes étaient en ſi grand nombre , que le nuage , formé par leurs flèches , obſcurcirait le ſoleil. *Tant mieux ,* répondit le Héros , *nous aurons le plaiſir de combattre à l'ombre.*

(b) Les détails ſuivans ſont tirés de Cteſias. *Biblioth. Phot.* cod. 72.

son armée cinquante mille hommes pour venger tant de sang répandu, & ils furent encore taillés en pièces par les héros que commandait Léonidas.

Enfin, le Despote de la Perse commença à s'appercevoir qu'avec trois millions d'hommes, on pouvait percer le mont Athos, frapper de verges l'Hellespont, & être vaincu par une poignée de Spartiates.

Il était sur le point d'abandonner son projet, & d'entrer dans la Grèce par un autre passage que par celui des Thermopyles, lorsqu'un Thessalien & deux Trachiniens offrirent de conduire les Perses sur les cimes des rochers, par des sentiers connus d'eux seuls; Xerxès confia, à ces transfuges, un corps de quarante mille hommes, qui, après avoir monté toute la nuit, arriva au point du jour sur des hauteurs, d'où il dominait la petite armée de Léonidas (a). Pendant ce tems là,

____

(a) Ici Ctéfias m'abandonne, & je suis obligé de recourir à Hérodote.

le Roi de Perſe faiſait avancer toutes ſes troupes vers le défilé, ainſi les Spartiates ſe trouvèrent inveſtis. Ces guerriers magnanimes marchèrent à la mort avec la même intrépidité qu'à la victoire; il y eut un carnage incroyable parmi les Perſes; enfin la valeur céda au nombre; Léonidas périt le premier; deux frères de Xerxès s'élancèrent alors dans la mêlée pour ſaiſir le corps de ce Héros, & le porter en triomphe aux pieds de leur Roi; mais comment y parvenir tant qu'un Spartiate reſpirait encore? La petite cohorte de héros repouſſa juſqu'à quatre fois l'ennemi qui l'environnait, tua les deux frères de Xerxès, & arracha aux Perſes le corps de Léonidas; ce fut là ſon dernier exploit; les Spartiates, épuiſés par ce dernier effort de bravoure, ne portèrent plus que des coups incertains; ils furent tous tués ſur le champ de bataille.

Suivant une autre tradition Grecque, il y eut un des compagnons de Léonidas qui lui ſurvécut; à ſon arrivée dans ſa patrie, il se vit couvert d'opprobre par ses concitoyens ; sa femme porta son deuil, & sa mère se renferma dans sa maison, rougissant d'avoir fait naître un Spartiate qui n'avait pas sçu mourir.

On éleva, dans la suite, un monument aux Thermopyles à Léonidas & aux trois cents Spartiates ; l'inscription m'en paraît à-la-fois simple & sublime : *Passant, va annoncer à notre patrie, que nous sommes morts ici, pour obéir à ses loix.*

Xerxès ne démentit point, après la journée des Thermopyles, l'idée que l'Histoire donne de son vil caractère ; outré de ce qu'un petit Souverain de Sparte avait été trois fois vainqueur du Roi des Rois, il fit attacher son cadavre à un gibet : comme si tout homme qui a encore son intelligence & son ame, marchant dans le sentier de la gloire, ne préférerait pas, au trône de Xerxès, le gibet de Léonidas.

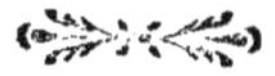

BATAILLE NAVALE

DONNÉE DEVANT ARTÉMISE.

Les Grecs avaient enfin une marine, grâce à la politique éclairée de Thémistocle; leurs vaisseaux, il est vrai, n'avaient ni l'avantage du nombre, ni celui de l'habitude dans la manœuvre, mais ils étaient montés par des hommes, ce qui rétablissait l'équilibre. Les Perses en firent une expérience fatale à Artémise, le jour même où Léonidas mourant triomphait d'eux aux Thermopyles.

Artémise est un promontoire de la côte septentrionale de l'Eubée ; & la flotte Grecque s'était rangée, avec beaucoup de sagesse, dans le détroit qu'il domine, pour empêcher les vaisseaux ennemis de s'étendre & de l'envelopper ; au reste, les vents & les vagues servirent encore mieux la caufe de la liberté , que tout le génie de Thémiftocle. L'Amiral des Perfes , avant de fe voir à la hauteur de l'Eubée , effuya une tempête hor- rible, qui lui fit perdre quatre cents vaif- feaux ; il en détacha deux cents autres, qui avaient ordre de couper la retraite aux Grecs, quand ils auraient été battus, & cette efcadre de détachement fe brifa prefque toute entière contre les rochers & les écueils qui bordent les côtes de l'Eubée. *Les Dieux voulaient* , dit le bon Hérodote, *que les deux flottes devinffent égales* ; comme fi l'égalité de nombre n'amenait pas l'inégalité de forces entre des hommes auffi différens en courage, que les Grecs & les Perfes.

Au refte , les Dieux d'Hérodote fe trompèrent dans leur calcul ; car il eft très-avéré que malgré la perte de fes fix cents voiles, l'Amiral de Xerxès avait encore fix fois plus de vaiffeaux que Thémiftocle, quand il alla le cher- cher devant Artémife. Malgré cette

énorme difproportion , le jour de la
bataille , il ne put refter maître de la
mer , & les deux partis s'attribuèrent
la victoire. Thémiftocle , le lendemain ,
apprit la mort des trois cents héros des
Thermopyles , & fentant la néceffité de
veiller de plus près à la sûreté de fa
patrie , il fit voile vers l'Attique , &
s'arrêta à la hauteur de Salamine.

LES
ATHÉNIENS
ABANDONNENT LEUR PATRIE.

PRISE ET INCENDIE
D'ATHÈNES.

CEPENDANT Xerxès, ne trouvant plus de Léonidas sur son passage, s'approchait du Péloponèse, avec le reste de ses trois millions d'hommes. Il entra en conquérant dans la Phocide, saccageant les campagnes, brûlant les villes, & faisant couler à torrens le sang des hommes. Thémistocle vit que les Perses, une fois entrés dans le Péloponèse, les Grecs étaient perdus, s'ils se renfermaient dans l'enceinte de leurs villes, & il leur propofa l'idée fublime d'abandonner leurs remparts, leurs temples & leurs foyers, pour fe créer une patrie fur un élément que leur valeur, devant Artémife, leur avait déja fait fubjuguer. Athènes, à qui d'abord il fit part de fon projet, ne comptait, parmi fes habitans, que de vrais citoyens ; mais tous ces citoyens, dont l'efprit femblait réfider entièrement dans leur cœur, n'étaient pas des Thémiftocle ; ces hommes pufillanimes attachaient l'idée de patrie, à des murs frivoles, à de fragiles édifices ; ils ne favaient pas que le républicain n'eft riche que des biens qu'on ne peut lui ôter, & qu'il les trouve avec la penfée dont il jouit, & avec l'air qu'il refpire, par-tout où il peut échapper aux regards d'un maître.

Thémiftocle déploya vainement toute fon éloquence pour engager le peuple d'Athènes à fe tranfporter fur la flotte de Salamine ; la perfpective même d'une victoire, prefque fûre, ne put le déterminer ; il mettait peu d'importance à triompher des Perses, après avoir abandonné les temples de ses Dieux, & les tombeaux de ses grands hommes. Lorsque le Héros vit sa politique en défaut, il eut recours à la ressource des Poètes, quand ils ont trop embarrassé le nœud d'une intrigue dramatique ; il dénoua sa pièce avec des machines. Il fit parler, à force d'or, la Pythie de Delphes, qui déclara que *le salut d'Athènes était attaché à des remparts de bois* (c'est-à-dire à des vaisseaux) *, où ses défenseurs se renfermeraient.* Pour rendre l'Oracle encore moins énigmatique , il fit disparaître habilement le dragon sacré , qu'on nourrissait comme le génie tutélaire de la citadelle, & engagea les Prêtres à répandre dans toute la ville que ce reptile mystérieux avait pris, avec Minerve, la route de la mer, pour montrer aux républicains le seul asyle qui leur restait contre les tyrans. Le stratagême réussit, & les Athéniens accordèrent au dragon ce qu'ils avaient refufé au génie de Thémiftocle.

Le décret pour abandonner la ville, rédigé par Thémiftocle lui-même, était fait avec tout l'art poffible. On y adouciffait très-adroitement, ce que ce facrifice pouvait avoir de trop dur aux yeux des citoyens, qui avaient plus de fenfibilité que de grandeur d'ame; il y était dit ʺ qu'on mettrait Athènes en dépôt ʺ entre les mains de Minerve, & fous ʺ fa fauve-garde, & qu'en attendant qu'on ʺ pût éprouver des marques de fa bienʺ veillance, tout citoyen, en état de porter ʺ les armes, s'embarquerait fur la flotte, ʺ après avoir pourvu à la fûreté de fa ʺ femme, de fes enfans & de fes efclaves ʺ.

A peine le décret eft-il promulgué, que Cimon, le fils d'Ariftide, plein de cet enthoufiafme belliqueux, qui fait la deftinée des Républiques, monte à la citadelle, détache un des boucliers facrés fufpendus au temple de Minerve, & vient, en préfence de toute la multitude, s'embarquer fur le premier navire qui fait voile vers Salamine.

De ce moment, la terreur difparait, les efprits font changés, & le dernier des citoyens femble avoir hérité de l'ame de Thémiftocle.

Les vieillards, les enfans & les femmes, furent envoyés à Trézène. On les reçut, dans cette ville, avec cette hofpitalité précieufe de l'âge d'or ; toute cette colonie fut nourrie aux dépens du tréfor public. Plutarque ajoute, avec fa naïveté piquante, que les Magiftrats permirent aux enfans de leurs hôtes *de prendre du fruit fur tous les arbres ;* en même-tems, ils affignèrent des fonds pour les Inftituteurs qui fe chargeraient de les élever. La partie d'Athènes, que fon fexe ou fon âge laiffait fans défenfe, retrouva donc fa patrie dans Trézène, tandis que celle qui pouvait repouffer fes tyrans, la retrouvait dans la flotte de Salamine.

L'embarquement des guerriers fe fit enfuite ; il excitait d'autant plus d'intérêt, que le courage n'excluait pas la fenfibilité ; chacun fe retournait avec attendriffement vers ces murs qu'il voyait pour la dernière fois , & , après avoir payé ce tribut à la Nature , reprenant tout l'enthoufiafme républicain , s'élançait avec gaité fur le vaiffeau qui devait fervir à fes victoires.

Peindre les mœurs d'un peuple, n'eft point dégrader la majefté de l'hiftoire ; ainfi , je ne pafferai point fous filence la tendre inquiétude que Plutarque donne aux guerriers d'Athènes , quand ils virent les animaux domeftiques errer, avec des cris plaintifs , le long des rivages où leurs maîtres s'embarquaient. On remarqua , fur tout, le chien du père de Périclès , qui , appercevant le vaiffeau d'où on l'avait rejetté mettre à la voile , s'élança dans la mer , & nagea toujours à la trace de fon fillage , jufqu'à la côte de Salamine ; il n'obtint pas le prix de fon dévouement, car il mourut en abordant au rivage.

Cependant Xerxès approchait d'Athènes ; il ne trouva , autour de fes murs ,

qu'une folitude vafte & muette ; les portes
de la ville étaient ouvertes , & il y entra
en triomphe, comme s'il avait bravé les
dangers d'une longue réfiftance. La citadelle feule , défendue par un petit corps
d'élite qui avait refufé de s'embarquer,
foutint un fiége de plufieurs jours ; on
offrit la vie à ces guerriers généreux , ils
la dédaignèrent, comme les compagnons
de Léonidas, & ils périrent tous jufqu'au
dernier, fur les corps des Perfes , qu'ils
avaient immolés à leur vengeance.

Xerxès , maître d'Athènes , vit avec
regret que le grand nombre des victimes
qu'il avait profcrites lui avaient échappé ;
mais le defpote fuperbe fe confola , en
rafant, de fond en comble , les remparts
de cette ville, en brûlant fes temples &
fes édifices, de n'avoir pu fe baigner, à
fon gré, dans le fang des hommes.

Cependant , la vanité du tyran , fervit
à fauver quelques-uns des monumens
d'Athènes : il voulut avoir des trophées,
qui confacrâffent la mémoire de fes pré-

tendus exploits, & il envoya, en Perſe,
des tableaux de grand prix , & des ſtatues chères à la Nation qu'il croyait avoir
ſubjuguée , entr'autres , celles d'Harmodius & d'Ariſtogiton.

BATAILLE DE SALAMINE.

ATHÈNES n'avait pas attendu la destruction de ses remparts pour rendre justice à ses grands hommes ; Aristide venait d'être rappellé, de l'avis même de Thémistocle, qui l'avait fait bannir ; car ce héros ne voyait plus de rivaux dans la carrière de la gloire, quand la patrie lui présentait des ennemis à combattre. Aristide, plus touché de son rappel qu'il n'avait été offensé de son exil, vint servir, de son génie & de sa valeur, les restes infortunés de ses concitoyens, rassemblés devant Salamine.

Tous les regards de l'Europe & de l'Asie étaient fixés sur cette flotte qui renfermait l'élite des guerriers de la Grèce ; malheureusement la mésintelligence se mit entre le Lacédémonien Eurybiade, Généralissime des troupes du Péloponèse,

& Thémiſtocle, Amiral d'Athènes. Le premier voulait qu'on s'approchât de l'iſthme de Corynthe, pour être protégé par l'armée de terre, commandée par Cléombrote, frère de Léonidas, & l'autre croyait que c'était trahir l'eſpoir de la Grèce, que d'abandonner un poſte auſſi avantageux que celui de Salamine. La diviſion alla au point, que le Spartiate, bleſſé de la chaleur avec laquelle l'Athénien défendait ſon opinion, leva un jour, contre lui, ſa canne de commandement ; Thémiſtocle, de ſang froid, ne répondit que ce mot, devenu célèbre : *Frappe, mais écoute ;* enſuite il déploya une éloquence ſi perſuaſive, qu'il ramena à ſon avis, & le Conſeil de guerre, & Eurybiade.

Il était tems de décider, par un combat, du ſort de la Grèce, car la flotte de Xerxès enveloppait déja celle qui croiſait devant Salamine. Ariſtide vint lui-même d'Egine, pour inſtruire Thémiſtocle. » Gé- » néral, lui dit-il, il n'y a plus d'inimitié » entre nous ; nous ne devons plus lutter

» enfemble, que pour favoir à qui fervira
» le mieux la patrie, toi par ton génie,
» moi par mon épée & mon obéiffance;
» tu as été feul de l'avis d'attendre ici les
» Perfes, & je t'en remercie, au nom de
» la Grèce, que ce confeil a fauvé; au
» refte, l'ennemi lui-même nous interdit
» toute autre voie de défenfe, car fes
» vaiffeaux occupent le détroit & les
» ifles; il nous entoure de toutes parts,
» & il ne nous refte d'afyle, contre la
» tyrannie, que l'abyme des mers, ou la
» victoire «.

Thémiftocle répondit à tant de générofité, en ouvrant fon ame toute entière
à fon rival, & il lui avoua, que fi Xerxès
était fur le point de l'envelopper, c'eft
qu'il l'avait appellé lui-même, pour empêcher la Grèce de périr par le confeil
d'Eurybiade.

La bataille, tant defirée des deux
partis, fe donna enfin. La flotte Grecque
était compofée de fept cens voiles (a);

____

(a) Hérodote, qui cherche toujours à relever

mais celle des Perfes était au moins une fois plus forte. Onophas commandait la dernière, & l'autre était dirigée par le génie de Thémiftocle ; on put voir l'action des remparts de Salamine (*a*) ; la victoire fut long-tems balancée ; Artémife, fur-tout, qui combattait pour Xerxès, faifait des prodiges de valeur ; cette héroïne, qui méritait de défendre une meilleure caufe que celle des tyrans, vengeait alors fon injure perfonnelle ; elle

---

les Grecs, aux dépens même de la vraifemblance, fuppofe que la flotte Grecque n'était que de 380 navires ; mais fon autorité ici n'eft rien auprès de celle de Ctéfias.

(*a*) Ctéfias place la bataille de Platée avant celle de Salamine, mais fon calcul ne peut s'accorder avec la chronologie de Paros, conciliée avec l'Ere des Olympiades ; il me paraît démontré que la bataille de Salamine tombe à la première année de la 75e Olympiade, & que ce ne fut qu'un an après qu'on livra la bataille de Platée. Voy. ci-après les *Faftes de la Grèce.*

puniſſait les Grecs d'avoir oſé mettre ſa tête à prix. Cependant, le déſavantage du vent, le poids énorme des navires Perſes, qui les empêchait de ſe mouvoir au gré des ſignaux, leur nombre même, qui nuiſait à leur manœuvre dans un détroit, tout ſervit au triomphe de Thémiſtocle; les Athéniens, plus audacieux à l'abordage, plus agguerris contre un ennemi qu'ils avaient déja défait, remportèrent une victoire complette; les Perſes s'enfuirent en déſordre, & l'incendie d'Athènes fut vengé.

TRIOMPHE DE THÉMISTOCLE.

RETOUR

DE XERXÈS EN PERSE.

LE plus beau jour de la vie de Thémiftocle, fut, fans doute, celui qui fuivit
la bataille de Salamine. C'était l'ufage,
chez les Grecs, que le lendemain d'une
victoire, tous les Capitaines, raffemblés
dans la tente du Général, ou dans un
temple, défignâffent, fur un billet, le
nom des guerriers qui avaient remporté
le premier & le fecond prix de la valeur;
à l'ouverture des billets, on vit que chacun s'était adjugé le premier, & qu'il
avait déféré le fecond à Thémiftocle. Une
pareille unanimité, démontrait que ce
grand homme était le plus vaillant des
Grecs qui euffent combattu à Salamine.

Sparte , quoique cette ville superbe n'estimât que ses héros , fit l'accueil le plus flatteur à celui d'Athènes ; elle ceignit sa tête d'une couronne d'olivier , lui fit présent d'un char magnifique , & , à son départ , nomma trois cents hommes de sa haute noblesse , pour lui servir de cortège jusqu'aux montagnes.

Sa présence aux jeux Olympiques , excita aussi l'enthousiasme le plus vif & le plus mérité. A peine parut-il dans le stade , que le spectacle n'occupa plus personne ; tous les regards se fixèrent sur le vainqueur de Salamine ; les Grecs le montraient aux étrangers , & c'était toujours avec des transports d'applaudissemens , qui allaient jusqu'au délire. Thémistocle , tout présomptueux qu'il était , en fut pénétré , & il avoua à ses amis , qu'un pareil moment n'était point trop acheté par vingt ans de travaux.

Cependant , au milieu de cette ivresse générale , Thémistocle ne jouit pas d'un bonheur pur & sans mélange. L'idée de l'Ostracisme, récompense ordinaire des grands hommes d'Athènes, empoisonnait son triomphe. » Athènes, disait-il, n'a » pas pour moi une estime bien réfléchie; » mais à l'approche du danger, la terreur » la met à mes pieds; elle se sert alors » de moi, comme d'un arbre sous lequel » on se place pendant l'orage, & dont » on coupe les branches, quand le beau » tems est revenu «.

Au reste, ce grand homme profita de l'enthousiasme du moment, pour rendre sa victoire aussi utile à sa patrie qu'elle pouvait l'être, il releva les édifices d'A-thènes & ses murs, il bâtit le pont de Pyrée, & l'unit à la ville par un rempart; son plan était d'assurer à ses concitoyens l'empire de la mer; politique non moins utile contre les Grecs que contre les Perses, aussi éveilla-t-elle la jalousie de Lacédémone (*a*).

(*a*) C'est pour réunir dans le même tableau

En général, Thémistocle, qui n'avait d'autre équité que celle qui se concilie avec l'ambition, était assez peu délicat sur le choix des moyens qu'il employait, pour relever la puissance d'Athènes. Il commit les plus grandes exactions dans l'Archipel, tantôt en son nom, tantôt au nom de sa République ; un jour qu'il avait besoin d'une somme considérable, pour l'exécution d'un de ses projets patriotiques, il se présenta devant les Insulaires d'Andros, *je viens à vous*, leur dit-il, *accompagné de deux puissantes Divinités, la persuasion & la force*. La réponse se fit dans le style de Thémistocle : *Et nous, deux Divinités non moins respectables, nous autorisent à un refus, l'impuissance & la pauvreté*.

----

ce que nous avons à dire de Thémistocle, que nous intervertissons ici l'ordre chronologique ; la construction du Pyrée & des murs d'Athènes, ne date réellement que du retour des Athéniens dans leur ville, après les victoires de Platée & de Mycale, & la fin de l'invasion des Perses.

Athènes elle-même , plus généreuse que Thémiſtocle , refuſa une fois de s'aggrandir , par des voies dont elle aurait eu à rougir. Ce trait eſt un des plus mémorables dans l'hiſtoire de cette République. Le vainqueur de Salamine ſe préſenta dans une aſſemblée nationale , & annonça , avec ſon enthouſiaſme ordinaire , qu'il roulait , dans ſa tête , un projet , fait pour rendre Athènes la première ville du monde , mais que ſon exécution demandait un ſecret impénétrable ; le peuple lui dit d'en faire part à Ariſtide , & que ſi cet homme juſte l'approuvait , il ſerait agréé de la République ; alors , Thémiſtocle prit le Sage à part , & lui confia que la flotte des Grecs , étant toute réunie au port de Pégaſe , il ſerait aiſé de la brûler , pour qu'Athènes ſeule eût une marine. Ariſtide , de retour à l'aſſemblée , déclara qu'il n'y avait rien de plus utile , ni en même-tems de plus inique , que le projet dont il venait de recevoir la confidence ; ſur ce ſimple expofé, les Athéniens rejettèrent, tout d'une voix, le projet de Thémiftocle.

Cependant, les Perfes n'étaient rien moins que tranquilles, fur les fuites de leur defcente téméraire dans le Péloponèfe. Xerxès, arrêté avec fes trois millions d'hommes par trois cents Spartiates aux Thermopyles, à demi-vaincu à Artémife, défait complettement à Salamine, fe croyait dans un monde nouveau ; la vérité, qu'aucun de fes efclaves n'avait ofé lui dire, l'éblouiffait de fa lumière importune ; il voyait enfin qu'une poignée d'êtres libres influe plus fur la deftinée du globe que des millions d'automates dirigés par un defpote ; tout-à-coup la terreur le faifit ; il ne fe croit plus en sûreté au milieu de l'armée innombrable qui lui refte encore, & il va chercher un afyle au fein de la Perfe, contre Thémiftocle & les vengeurs de Léonidas.

Le départ arrêté, le Roi laiffa Mardonius en Grèce, avec trois cens mille hommes, pour dévaſter du moins le pays qu'il ne pouvait ſubjuguer ; enſuite il s'avança, avec les débris de ſes trois millions d'hommes, vers l'Helleſpont ; la marche des troupes fut de quarante jours ; & comme on n'avait point fait de proviſions de vivres, les Perſes, réduits à toutes les horreurs de la famine, furent obligés de brouter l'herbe avec les bêtes de ſomme qui portaient leurs bagages ; l'épidémie qui réſulta de cette nourriture peu faite pour l'homme, emporta plus de ſoldats que le fer des Grecs n'en avait moiſſonnés à Salamine & aux Thermopyles.

Cependant Xerxès, qui voyait ſon armée marcher toujours trop lentement au gré de ſa terreur, prit les devants avec quelques cohortes d'élite ; arrivé à l'Helleſpont, il trouva ſon nouveau pont briſé par une tempête, & toujours tourmenté par ſon inquiétude, il paſſa le détroit ſur un petit navire, peu différent d'une barque de pêcheurs, afin de mettre la mer entre lui & les vainqueurs de Salamine.

Hérodote cite, au sujet de ce trajet sur l'Hellespont, une anecdote qu'il croit peu vraisemblable, mais qui est bien dans le caractère de Xerxès. Ce Prince était à peine au milieu du détroit, qu'il s'éleva un orage ; le Pilote, consulté sur le danger, répondit qu'il fallait décharger le navire, pour prévenir son naufrage. Alors Xerxès ne craignit point de proposer aux Perses qui s'étaient embarqués avec lui, de mourir pour le sauver ; ce qui n'est pas moins étrange, c'est que ces hommes, devenus les égaux de leur Roi par le péril qu'ils partageaient avec lui, acceptèrent son offre, & se précipitèrent dans la mer. Le Monarque, arrivé sur le rivage, donna une couronne d'or au Pilote, pour le récompenser d'avoir sauvé la vie à son Souverain, ensuite, pour le punir d'avoir laissé périr ses Satrapes, il lui fit couper la tête.

SUITE DES TRIOMPHES

D'ATHÈNES ET DE LACÉDÉMONE.

BATAILLES DE PLATÉE ET DE MYCALE.

FIN DE L'EXPÉDITION DES PERSES.

Les Perses, depuis l'incendie d'Athènes, étaient devenus si odieux à tout ce qui avait cessé de les craindre, que la religion même ne les jugeait pas dignes de ses regards. Le Lieutenant de Xerxès étant venu consulter un oracle célèbre dans la Béotie, la Pythie fit sa réponse dans une langue que ne pouvait entendre aucun des barbares qui l'interrogeaient ; c'était là une sorte de patriotisme, pour ces Dieux de la Grèce, qui devaient tant aux exploits des Miltiade & des Thémistocle.

Cependant, Mardonius ne se borna pas à consulter de vains oracles ; meilleur politique que Xerxès, il fentit la néceffité de divifer les Grecs pour les vaincre ; il envoya donc une Ambaffade à Athènes, pour lui demander fon alliance, & lui offrir tout l'or dont elle avait befoin, pour fubjuguer le Péloponèfe. Un Roi de Macédoine, tributaire des Perfes, s'était chargé d'appuyer, en fon nom, l'Ambaffade, & il le fit avec tout le zèle d'un efclave couronné, qui attend fa récompenfe.

L'audience fe donna en préfence des Députés de Lacédémone qui, craignant les fuites de cette négociation infidieufe, offrirent, de leur côté, aux Athéniens, s'ils ne dégénéraient pas du patriotifme qu'ils avaient montré à Salamine, d'entretenir, pendant tout le cours de la guerre, leurs femmes, leurs vieillards & leurs enfans, & de leur faire retrouver Athènes au milieu de Lacédémone.

Ariftide était, à cette époque, le premier des Archontes. » Je pardonne à » des barbares, dit-il, de fuppofer que

» l'or peut féduire les vainqueurs de Sa-
» lamine ; mais était-ce à des Spartiates,
» témoins de notre courage, à s'en défier ?
» La caufe de la liberté nous eſt trop
» chère pour l'abandonner jamais. Roi
» de Macédoine, ſi tu mets quelque prix à
» notre amitié, ne nous donne point des
» conſeils qui nous deshonorent ; &
» vous, envoyés de Mardonius, dites à
» votre maître, que tant que l'aſtre qui
» nous luit conſervera ſa lumière, Athè-
» nes vengera, ſur les Perſes, la ruine de
» ſes remparts, le pillage de ſes temples,
» & l'incendie de ſes édifices «.

Peu content de cette audace généreuſe, Ariſtide voulut enchaîner, par la religion, ſes concitoyens à leur ſerment ; & il dreſſa une formule d'Anathême, que les Prêtres devaient prononcer contre tout homme qui propoſerait de faire alliance avec les Perſes.

Mardonius, pendant ce tems-là, s'approchait de l'Attique avec ſes trois cents mille hommes ; &, comme ſa Capitale n'était pas encore assez forte pour soutenir un siége, le peuple l'abandonna une seconde fois, & se retira à Salamine. Le Lieutenant de Xerxès, qui ne voulait en venir à une bataille qu'à la dernière extrémité, envoya un nouveau Député, pour détacher Athènes de l'alliance des peuples du Péloponèse. C'est alors qu'on vit l'effet de l'anathême téméraire, imaginé par la religion d'Aristide; un citoyen ayant été d'avis qu'on écoutât l'Envoyé de Mardonius, ses compatriotes le lapidèrent sur-le-champ; le délire du fanatisme gagna jusqu'aux femmes, qui allèrent dans la maison du proscrit, & mirent à mort son épouse & ses enfans; ce crime ouvrit les yeux de la nation, & de ce moment il n'y eut plus d'anathême.

Cependant Mardonius entra dans Athènes déserte, & brûla tout ce qui avait échappé à la destruction ordonnée par Xerxès. Les Athéniens cherchèrent une seconde fois un asyle dans Salamine.

Les barbares, après cette expédition

de brigands, se retirèrent dans la Béotie, & vinrent camper sur les bords du fleuve Asope. L'armée Grecque se hâta de les suivre ; elle était sous les ordres du Roi de Lacédémone Pausanias & d'Aristide. Les soixante-six mille hommes qui la composaient, étaient cinq mille Spartiates, huit mille Athéniens, dix-huit mille hommes de troupes auxiliaires, & trente-cinq mille Hilotes. On sent que tout l'espoir de la Grèce était dans les huit mille héros que commandait Aristide, & dans les cinq mille qui étaient sous les ordres de Pausanias.

Les deux armées furent onze jours à s'observer, parce que les Devins, à la vue des entrailles des victimes, prédisaient aux deux parties une victoire complette, s'ils se bornaient à se défendre : les Devins mettaient encore en défaut la prudence des grands hommes de guerre, lors même qu'ils ne pouvaient plus faire immoler des Iphigénie.

L'armée Grecque défilait vers Platée,

pour prendre une poſition plus favorable, lorſque Mardonius , prenant cette manœuvre pour l'effet de la terreur , fit avancer toutes ſes troupes pour combattre. La mêlée fut horrible. Pauſanias , qui n'avait avec lui que ſes ſept mille Spartiates , n'héſita pas à ſe jetter au milieu des bataillons des Perſes , en fit un grand carnage , & força Mardonius , dangereuſement bleſſé , à prendre la fuite avec les débris de ſon armée (*a*). Hérodote ajoute à ce récit de Ctéſias , que ces cohortes fugitives s'étant retirées dans leurs retranchemens, les Athéniens , réunis avec les Spartiates , vinrent les y forcer , & qu'ils en firent un ſi grand maſſacre , que des trois cents mille hommes que commandait Mardonius , à peine il en reſta trois mille ; Sparte , dans cette journée mémorable , ne perdit que quatre-vingt-onze hommes , & Athènes cinquante-deux ;

(*a*) Ctéſias , *Biblioth. Phot. loc. citat.*

on trouva, dans le camp des Perſes, un butin immenſe, & les Grecs en adjugèrent la dixième partie à Pauſanias.

Il s'éleva, après la bataille, une grande diſpute entre les vainqueurs, pour ſavoir à quel peuple il fallait adjuger le prix de la valeur; il était évident que ce prix ne pouvait être diſputé que par les concitoyens d'Ariſtide, & par ceux de Pauſanias; mais comme ni les uns ni les autres ne voulaient céder, pour prévenir les ſuites d'une guerre civile, la Grèce aſſemblée déféra ce prix aux habitans de cette Platée, ſous les murs de laquelle s'était donné la bataille; un jugement ſi adroit laiſſa ce procès mémorable en ſuſpens, & il fut permis à Sparte & à Athènes, de croire qu'on leur avait adjugé également la couronne.

Le même jour que les Généraux des Grecs remportaient cette victoire de Platée ſur les débris de la grande armée de Xerxès, leurs Amiraux en remportaient une autre à Mycale, ſur les débris de sa flotte ; les vaisseaux des barbares furent brûlés ; le camp où étaient renfermés les cent mille hommes qui avaient suivi le Roi de Perse, jusqu'à l'Hellespont, fut forcé, & il ne manqua rien au triomphe de la Grèce, si ce n'est la mort de Xerxès lui-même, pour expier l'incendie d'Athènes & l'outrage fait au cadavre de Léonidas.

Telle fut la fin de cette fameuse expédition de Xerxès, où il voulait que l'Empire de la Perse n'eût d'autres frontières que le Soleil. Si on calcule les pertes que causèrent à son armée le fer des Grecs, la famine & les épidémies, on trouve que des trois millions d'hommes qu'il amena dans la Grèce, à peine il en revint en Asie cinquante mille ; cette horrible dépopulation ne peut se révoquer en doute, & il faut la mettre au rang des plus grandes plaies que le despotisme ait faites à l'espèce humaine.

Xerxès était à Sardes, quand il apprit la double défaite de ses troupes à Platée & à

Mycale; dévoré d'inquiétudes, & craignant que le Pont-Euxin ne fût pas une barrière suffisante entre lui & ses vainqueurs, il se sauva avec précipitation en Perse; mais avant de partir, il voulut se venger contre les dieux de la Grèce, du mal que lui avaient fait ses guerriers, & il ordonna à Mardonius de brûler les temples des villes Grecques qui étaient encore en son pouvoir.

Mardonius, pour surpasser encore l'attente de son Souverain, voulut commencer par brûler le temple de Delphes, le plus riche du monde connu, puisque celui de Bélus était en ruines; mais la ville appartenait à ses habitans; le Général Perse en fit le siége; les Delphiens, pour défendre leur patrie & leurs Dieux, firent des prodiges de valeur. Heureusement pour eux, pendant que les barbares montaient à l'assaut, il survint un orage épouvantable; les assiégeans crurent que le Ciel voulait punir leur sacrilége; ils se retirèrent en désordre; les Grecs les pourſuivirent, en firent un grand carnage, & Mardonius y fut tué (*a*).

(*a*) Tel eſt le récit de Ctéſias; il porte avec lui tous les caractères de la vérité : voici maintenant le Roman d'Hérodote.

» Quand on ſçut à Delphes que les Perſes » approchaient, les habitans épouvantés, con- » ſultèrent le Dieu, pour ſavoir ce qu'ils feraient » des tréſors renfermés dans ſon ſanctuaire; » l'Oracle répondit qu'il ne fallait point toucher » aux richeſſes du temple, & qu'Apollon était » aſſez puiſſant pour les défendre contre des » ſacriléges. Les Delphiens, tranquilles pour » leur Dieu, ſongèrent à leur propre ſûreté; ils » abandonnèrent la ville, & il n'y reſta qu'un » devin & ſoixante hommes.

» Quand les Perſes furent au pied des rem- » parts, le devin fut témoin d'une grande mer- » veille; c'eſt que les armes ſacrées que ce Dieu » tenait renfermées dans ſon ſanctuaire, mar- » chèrent d'elles-mêmes, & s'allèrent placer hors » des murs du temple.

» Ce prodige ne fut pas le ſeul. Quand les » Barbares voulurent entrer dans le temple pour

Les Lieutenans de Xerxès, en Asie, furent plus heureux que Mardonius, & on prétend que tous les temples des Grecs furent brûlés dans cette partie du monde, à l'exception de celui de la Diane d'Ephèse.

Xerxès, de retour à Suze, ne retrouva pas le repos de l'ame qu'il cherchait ; le repos n'est pas fait pour les tyrans. Ce Prince éprouva, de la part de sa famille, des coups plus cruels que ne lui en avaient porté les Thémistocle & les Léonidas, &

» le piller, il s'éleva tout-à-coup une tempête » effroyable ; la foudre éclata à diverses reprises » sur ces sacriléges ; les deux cimes du Parnasse » se détachèrent de la montagne, avec fracas, » & vinrent en écraser un grand nombre ; les » autres prirent la fuite, mais deux phantómes » de héros les poursuivirent avec acharnement, » & achevèrent de les tailler en pièces. On voit » encore aujourd'hui les rochers énormes qui se » détachèrent du Parnasse pour servir la ven-» geance d'Apollon «. Voyez Hérodote *Urania*, ou lib. 8.

le vautour, qui commençait à dévorer le cœur de ce Prométhée, ne l'abandonna qu'au moment où il fut assassiné.

TRAHISON

ET

SUPPLICE DE PAUSANIAS *(a)*.

Nos regards, fixés fur les grands hommes d'Athènes, nous ont empêché long-tems de fuivre les mouvemens de fa rivale. Un attentat, qu'on ne devait pas attendre d'une ville où Licurgue avait régné, nous ramène à l'hiftoire de Lacédémone.

Nous avons vu comment Léonidas s'était montré le plus grand des Rois, en mourant pour fon peuple aux Thermopyles : Pliftarque, fon fils, étant au

____

(a) Thucyd. lib. **1** ; *Diod. Sicul.* lib. **11** ; *Cornel. Nep.* in vitâ Paufan.

berceau à cette époque, Sparte chargea
Pausanias, fils de Cléombrote, de la
régence de l'Etat pendant la minorité
du jeune Monarque. Cette place était
d'autant plus importante, que Léotychide, qui possédoit le second trône
des Héraclides, ne pouvant quitter la
flotte de la confédération Grecque,
dont il était Amiral, tout le pouvoir
des deux Couronnes semblait réuni sur
la tête du Régent. Pausanias répondit
d'abord, comme il le devait, à l'attente
de sa patrie ; on ne lui croyait d'autre
ambition que celle de passer pour juste
aux yeux des hommes qu'il rendait
heureux. Le masque ne commença à
tomber qu'après la bataille de Platée,
dont il partagea la gloire avec Thémistocle. On avait trouvé, parmi les
dépouilles des Perses, un superbe tré-
pied d'or, destiné, par les vainqueurs,
à être consacré au Dieu de Delphes.
Pausanias y fit graver une inscription,
qui portait que la victoire de Platée

n'était due qu'à son génie. Sparte, bleſſée de cet orgueil, vengea la Grèce, en faiſant effacer de l'inſcription le nom de Pauſanias, & en y ſubſtituant celui des villes qui avaient envoyé des troupes à la confédération. Les ambitieux, en pareille occaſion, ne ſe corrigent pas, mais ſe vengent, & tel fut, en effet, le projet de Pauſanias.

Ce Spartiate, pour ſe rapprocher des Perſes qu'il avait vaincus, commença par adopter leurs mœurs efféminées, leur luxe deſtructeur & leur deſpotiſme. Il fit briller, ſur ſa robe traînante, la pourpre de l'Orient ; il donna, aux Commandans des troupes alliées, des feſtins ſomptueux, & par - tout où il paſſa, il ſouffrit qu'on lui décernât des honneurs dont les Perſée & les Alcide auraient rougi. Tous ces travers furent appréciés à Sparte, mais le vainqueur de Platée, méritait quelques égards, & on lui laiſſa le commandement.

La trahiſon de Pauſanias ſe décida

à la prife de Byzance ; on avait fait prifonniers , dans fes remparts , quelques
Satrapes de la Perfe , qui tenaient à la
famille royale par des alliances. Le Général Lacédémonien fit courir le bruit
qu'ils avaient profité du peu de vigilance de leurs gardes , pour fe rendre
libres , & il les renvoya en Afie , avec
une lettre pour Xerxès , où il offrait à
ce Prince de le rendre maître de Sparte
& de toute la Grèce , à condition qu'il
lui donnerait fa fille en mariage. Les
propofitions des traîtres font toujours
accueillies des tyrans. Le Roi de Perfe
fit tenir , à Paufanias , des fommes d'argent confidérables , & chargea Artabaze ,
Gouverneur de l'Afie mineure , de né-
gocier avec lui l'afferviffement de la
Grèce.

Le complot fut tramé avec une intelligence digne d'une longue fcéléra-
teffe ; Paufanias & le Satrape étaient
convenus entr'eux de ne laiffer furvivre
à leurs meffages aucun des efclaves qu'ils

employaient à leur correfpondance ; par le moyen de ces affaffinats, la chaîne qui conduifait aux premiers coupables était rompue à chaque inftant , & la lumière échappait aux dépofitaires des loix. Auffi le traître ayant deux fois été mis en caufe , fe déroba deux fois au fupplice qu'il méritait ; la Jurifprudence criminelle de Sparte n'était pas affez ennemie du genre humain , pour condamner un accufé fur de fimples préfomptions ; elle aimait mieux laiffer vivre dix coupables , qu'elle furveillait , que de verfer une fois le fang de l'homme jufte , qu'on ne rachète ni par des remords , ni par des victoires.

Enfin , le crime fe trahit , par les moyens mêmes deftinés à en affurer l'impunité. Un efclave de Paufanias , chargé de porter une lettre à Artabaze , réfléchiffant qu'aucun de ceux qui l'avaient précédé n'était rentré dans Sparte , foupçonna le machiavélifme de fon maître , ouvrit le paquet , &

y ayant lu l'arrêt de fa mort , alla
tout découvrir aux Ephores. La lettre
interceptée , fuffifait pour la conviction
intime des Magiftrats ; mais comme elle
n'était pas fignée , ils avaient befoin de
l'aveu du coupable, pour le faire déclarer
tel par la loi. Il fut alors concerté entre
les Ephores & l'efclave , que celui - ci
fe retirerait , à Tenare , dans un temple
de Neptune , qui fervait d'afyle aux
Hilotes , & on pratiqua , dans le mur ,
un petit appartement fecret , d'où l'on
pouvait entendre tout ce qui fe difait
dans l'intérieur de l'édifice facré. Paufanias, comme on s'en était douté , apprenant la fuite de fon efclave , vint au
temple pour éclaircir fes foupçons. L'Hi-
lote avoua qu'il avait ouvert la lettre ,
s'excufant fur l'amour de la vie , fi na-
turel à tous les hommes. Paufanias , qui
fe croyait feul , ne diffimula point fa
correfpondance avec Artabaze , il promit
la liberté à fon efclave , s'il voulait devenir fon complice , & le fecret lui ayant

été promis, il fortit, avec fécurité, du temple de Neptune.

A peine Paufanias était-il dans l'enceinte de Sparte, que les Ephores vinrent à fa rencontre, & fe mirent en devoir de l'arrêter; celui-ci, éclairé fur la deftinée qui l'attendait, perce la foule du peuple qui l'entourait, & fe fauve dans un temple de Pallas, qu'il rencontre fur fa route. Les Lacédémoniens voulaient faire un grand exemple, mais ils n'ofaient violer un afyle : la mère même du coupable vint les tirer d'embarras; elle arriva fur le feuil de la porte, portant une groffe pierre, qu'elle pofa en filence, & enfuite elle fe retira. A l'inftant les fpectateurs en firent autant, & la porte ainfi fe trouva murée. Des ouvriers montèrent enfuite fur le toît du temple, par ordre des Magiftrats, & le découvrirent. Paufanias, expofé à toutes les injures de l'air, ne pouvant fe faire entendre de fes citoyens qu'il avait trahis, n'ofant implorer les Dieux dont

il s'était joué, mourut de misère & de
faim sur les degrés du sanctuaire.

EXIL et MORT DE THÉMISTOCLE (*a*).

LE fupplice de Paufanias devint fatal à Thémiftocle. Cet Athénien célèbre était accufé, depuis long-tems, d'entretenir une correfpondance fecrette avec les Perfes ; & fes ennemis, qui avaient un grand intérêt à le trouver coupable, lui en faifaient naître l'idée par leurs perfidies. La faction d'Ariftide (mais dont Ariftide lui - même n'était pas), fous prétexte de venger cet homme jufte, intriguait depuis long-tems pour rendre fon rival odieux, & noircir jufqu'à fes victoires. Elle avait fait intervenir, dans le complot, les premiers citoyens de Lacédémone, qui cherchaient à

______

(*a*) *Thucyd.* lib. 1 ; *Platarch. & Cornel. Nep.* in Themift. *Paufan.* lib. 1 ; *Diod. Sicul.* lib. 11.

punir Thémiftocle d'avoir donné à Athènes l'Empire de la Grèce : on croyait
même qu'elle avait acheté la plume d'un
fatyrique de Rhodes, dont les libelles,
faits pour être oubliés, devaient, fuivant l'ufage, leur exiftence éphémère
aux grands noms qui y étaient déchirés.
Enfin, l'orage, long-tems fufpendu,
éclata fur la tête de Thémiftocle, & il
fut condamné à l'oftracifme.

L'infortuné était déja dans fon exil,
quand Paufanias, qui cherchait dans toute
la Grèce d'illuftres complices, lui fit
propofer d'acheter, comme lui, par une
perfidie utile, l'amitié des Perfes. L'A-
thénien rejetta cette idée, mais il garda
le fecret à celui qui avait voulu le féduire; ce qui fit foupçonner que le complot lui déplaifait moins par lui-même,
que par le peu d'adreffe avec lequel il
était concerté.

A la mort de Paufanias, on trouva,
dans fes papiers, divers écrits qui don-
naient des foupçons violens contre le

patriotifme de Thémiftocle , & on fe hâta de les envoyer à Athènes , pour le conduire le vainqueur de Platée fur l'échaffaut. Il ne tenait alors qu'à Ariftide de fe venger des longues perfécutions qu'il avait fubies ; mais ce grand homme refpecta l'infortune jufques dans un ennemi qu'il croyait coupable , · & il refufa de fe prêter aux vues de Lacédémone. Thémiftocle , de fon côté , fe défendit , par lettres , du fond de fon exil ; & comme le peuple le craignait , il ne le crut pas ; on décida qu'il ferait jugé par le confeil général de la Grèce , & on envoya des fatellites pour fe faifir de fa perfonne. Thémiftocle , averti à tems , paffa dans l'ifle de Corcyre , & delà en Epire , où , fe voyant toujours pourfuivi avec le même acharnement , il alla demander un afyle à un Roi des Moloffes , dont il avait autrefois bleffé l'orgueil , mais dont l'ame ouverte à la haine , pouvait l'être auffi à la générofité.

Admète était ce Roi des Moloffes :

quand Thémistocle entra dans le palais, la Reine seule l'habitait. Le nom de ce célèbre exilé, ses malheurs, sa figure imposante, tout était fait pour attendrir un sexe qui n'a besoin que de descendre dans son cœur pour se trouver sensible; elle accueillit l'infortuné, & lui indiqua le moyen de faire partager l'intérêt qu'il lui inspirait, à son époux. En effet, au moment où Admète rentra, Thémistocle parut, placé entre les dieux domestiques du Prince, & tenant dans ses bras son fils à peine sorti du berceau; il tomba aussi-tôt à ses genoux, & lui dit qu'il le rendait l'arbitre de sa destinée, bien persuadé que le ressentiment d'un ennemi généreux lui serait moins fatal que la jalousie d'une patrie ingrate. Le Roi, touché de voir à ses pieds le vainqueur de l'Asie, s'empressa à le relever, lui dit que des torts ainsi réparés valaient des services, & lui promit de le défendre contre ses persécuteurs de toute l'énergie de son pouvoir. En effet, les Députés d'Athènes s'étant présentés à sa Cour pour réclamer l'illustre fugitif, il leur déclara qu'un citoyen qu'ils avaient proscrit ne leur appartenait plus, & qu'il n'en devait compte qu'aux Dieux, qui lui avaient inspiré de venir lui demander un asyle.

Les ennemis de Thémistocle, outrés de voir que leur victime leur avait échappé, se vengèrent sur les partisans qui lui restaient encore dans la Grèce; un d'eux ayant eu l'audace magnanime d'enlever d'Athènes la femme & les enfans de cet homme célèbre, pour les faire passer à la Cour d'Admète, on le traduisit en justice, & on le condamna à mort; c'est ainsi qu'en faisant un crime de l'amitié, Athènes, sans le vouloir, détruisait le règne des mœurs, & affaiblissait par-là jusqu'au patriotisme, dont elle voulait faire l'unique vertu de l'homme en société.

Cependant, Thémistocle, qui n'avait pas assez de grandeur d'ame pour souffrir en silence que sa patrie eût des torts envers lui, furieux du fupplice de l'ami qui lui reftait dans Athènes, quitta la Cour d'Admète, pour aller demander au fils de Xerxès, un afyle contre fes concitoyens (a). Il y avait, au refte, bien de la hardieffe à ce célèbre transfuge de s'aller jetter ainfi entre les bras d'Artaxerxe; car ce Prince avait mis fa tête à prix, & toute la côte de l'Afie mineure était pleine d'émiffaires chargés de découvrir fa retraite; Thémiftocle, trompant leur vigilance, fe rendit dans une petite ville d'Æolie, d'où un de fes amis le fit partir pour Suze, renfermé dans un char couvert. Ses conducteurs avaient ordre de publier qu'ils conduifaient une jeune vierge Grecque à un des premiers Satrapes de la Perfe.

Lorfqu'Artaxerxe vit dans fon pouvoir

(a) Diodore & Strabon tranfportent, fous le règne de Xerxès lui-même, l'évafion de Thémiftocle en Perfe; mais il n'y a, dans cette opinion, ni vraifemblance, ni chronologie.

le héros dont il redoutait le plus le génie & la bravoure, il fit éclater une joie immodérée; il crut avoir conquis la Grèce en conquérant ce grand homme; la nuit même son image se retraçant vivement dans sa mémoire, il s'écriait, en dormant: *Je suis donc maître de Thémistocle!*

Si le vainqueur de Salamine eût été, sous le règne précédent, demander un asyle à Xerxès, ce farouche Despote aurait payé cet acte de confiance en envoyant sa victime au supplice; Artaxerxe, plus politique ou plus généreux, fit l'accueil le plus favorable à Thémistocle; il commença par lui donner les deux cents talens qu'il avait promis à celui qui lui apporterait sa tête; il lui fit épouser la fille d'un de ses Satrapes, l'admit à sa table & à toutes ses parties de plaisir, & sa faveur fut si grande, qu'elle rendit jaloux jusqu'aux Eunuques du Palais, accoutumés à gouverner les Rois de Perse.

Dans la suite, l'intérêt du Roi ayant

exigé que Thémistocle fît sa résidence dans l'Asie mineure, la Cour l'envoya à Magnésie, & on lui assigna le revenu de trois villes pour son entretien; l'une devait lui fournir le pain, l'autre le vin, & la dernière tous les autres alimens qu'on servait à sa table. L'Athénien vécut heureux dans Magnésie, jusqu'à ce que, nommé pour commander l'armée des Perses contre les Grecs, il se vit réduit à l'horrible alternative d'être ingrat envers son bienfaiteur, ou de déchirer lui-même les entrailles de sa patrie. Cet homme célèbre échappa cependant à ce double péril, lorsque le Satrape, chargé de lui notifier les intentions du Roi, se présenta devant lui, il lui fit l'accueil le plus distingué; il parut lire, avec re-connaissance, la lettre d'Artaxerxe, qui le nommait Généralissime de ses armées; mais cette lettre était, pour sa grande ame, l'arrêt de sa mort; il assembla tous ses amis, leur dit le dernier adieu, & prit un breuvage empoisonné qui termina fa vie. Le Roi de Perfe , dont il avait trompé les efpérances, ne put s’empêcher d’admirer fa vertu , & il permit qu’on lui élevât un fuperbe monument dans Magnéfie.

La mort de Thémiftocle tombe l’année d’après la bataille navale d’Eurymédon , c’eft-à-dire l’an 1133 de l’Ere de Paros , qui répond à l’an 1781 de celle de Callifthène.

Ariftide avait précédé Thémiftocle dans la tombe. Cet homme jufte , qui, dans le cours de fon adminiftration & de fes victoires, avait moins cherché à s’enrichir qu’à laiffer de lui une mémoire douce à fes concitoyens , mourut fi pauvre , que fon héritage ne fournit pas de quoi faire les frais de fa pompe funèbre ; heureufement l’Etat, dans les Républiques , eft le père de chaque citoyen. Athènes tira de fon tréfor la fomme néceffaire pour les funérailles d’Ariftide ; elle donna des dots à fes filles , chargea les Prytanes de veiller à la fubfiftance de Lyfimaque , fils de ce héros, & assigna, long-tems après, à sa petite-fille, le même entretien qu'on accordait, dans la Grèce, aux vainqueurs dans les jeux Olympiques. C'est ainsi que la République de Solon, consolait la cendre de ses grands hommes, de l'injustice de l'ostracisme.

VICTOIRES DE CIMON.

DÉTAILS SUR LA VIE PRIVÉE DE CE GRAND HOMME (a).

ATHÈNES voyait avec moins de regret Thémistocle dans la Perse, & Aristide dans la tombe, parce qu'elle avait, à la tête de ses armées, un homme fait pour les remplacer tous deux. Ce Général, l'espérance de sa patrie, était Cimon, le fils de Miltiade. Il ne s'était pas d'abord montré, avec avantage, à ses concitoyens : sa jeunesse avait été orageuse, comme celle de Solon ; comme lui, il s'était livré à son goût effréné pour les plaisirs ; mais comme lui, aussi, il revint à la raison,

____

(a) *Diod. Sicul.* lib. 11 ; *Plutarch.* & *Cornel. Nep.* in Cimon.

avant que la dégradation de ſes ſens paſsât juſqu'à ſon intelligence. Ariſtide qui, au travers des fougues du tempérament , apperçut une ame généreuſe & un caractère plein d'énergie , tira cet or de la fange , & rendit à l'Etat, un homme qui n'exiſtait que pour des courtiſannes.

Un des premiers exploits de Cimon, fut la priſe d'Eione , & elle lui coûta beaucoup de ſang. Buris, Gouverneur de cette ville de Thrace , logeait l'ame d'un Grec dans le corps d'un Perſe ; il ſe défendit avec une bravoure incroyable ; quand il s'apperçut que les vivres lui manquaient, il jetta , du haut des remparts, dans le fleuve Strymon , tout l'or & l'argent qui ſe trouvait dans la ville ; enſuite , il fit allumer un grand bûcher dans ſon palais , égorgea ſa femme , ſes enfans , & ſe précipita dans les flammes. Cimon , maître d'Eione , verſa des larmes ſur le ſort de Buris : larmes non moins honorables pour le vainqueur , que pour la mémoire de l'infortuné qui les faifait répandre.

Lors de la retraite de Thémiftocle, Cimon fut nommé Amiral d'Athènes, & fous ce titre, conquit Amphipolis, fubjugua la Thrace, & y établit une colonie de dix mille de fes concitoyens.

Après ces exploits, le conquérant s'empara de l'ifle de Scyros, & y ayant trouvé la cendre de Théfée, il la rapporta avec pompe dans Athènes. C'eft en mémoire de cet évènement, qu'on établit une concurrence publique entre les Poètes, pour les Pièces de Théâtre. Sophocle, encore jeune, difputa le prix à Efchyle, & l'emporta, au jugement de Cimon & des autres Juges nommés par l'Archonte. Cette préférence irrita le créateur du Théâtre Grec, qui, honteux de voir un maître fur une fcène, où, jufqu'alors, il n'avait jamais eu de rival, quitta Athènes, & alla mourir obfcurément dans un coin de la Sicile.

La prife de Seftos & de Byzance fur

les Perfes, donna occafion d'admirer le grand fens de Cimon. Ce Général avait été chargé de faire le partage du butin, entre les Athéniens & leurs alliés; il mit d'un côté les prifonniers de guerre tout nuds, & de l'autre, leurs bracelets d'or, leurs anneaux, leurs robes de pourpre & leurs armes. Les alliés, qui craignaient de n'avoir que les hommes en partage, fe plaignirent de l'inégalité des lots; mais on leur donna le choix; ils prirent, fans balancer, les ornemens, & laifsèrent les efclaves. Déja les concitoyens de Cimon blâmaient fon imprudente générofité, lorfqu'on vit arriver, de toutes les frontières de l'Afie mineure, les parens & les amis des prifonniers, qui apportaient de groffes fommes pour leur rachat; les Athéniens ne gardèrent pas un feul de leurs efclaves, & Cimon recueillit tant d'or, des deniers de leur rançon, qu'outre l'accroiffement du tréfor public & du fien, il lui refta de quoi entretenir fa flotte pendant quatre mois. Ce trait eft un de ceux que le héros, fur l'âge, racontait avec le plus de complaifance; & l'envie le lui pardonnait d'autant plus aifément, qu'il n'y mêlait jamais le récit de fes victoires.

Cimon fut toute fa vie le fléau des Perfes; il ne leur laiffa jamais le tems de refpirer; il les pourfuivait dans les mers de la Grèce & fur le continent de l'Afie, leur enlevant leurs alliés, détruifant leurs villes, brûlant leurs flottes; s'il eft permis de punir les peuples des crimes des Rois, perfonne n'a plus puni le farouche Xerxès, de l'incendie d'Athènes, & de l'opprobre infligé à la cendre de Léonidas.

Le jour le plus mémorable de la vie guerrière de Cimon, eft celui où il gagna la bataille d'Eurymédon; il ofa, avec deux cents voiles, attaquer, vers l'embouchure de ce fleuve, la flotte ennemie, qui en avait trois cents cinquante, la mit en déroute, & prit deux cents vaiffeaux. Une armée de terre, campée fur les bords de l'Eurymédon, était chargée de foutenir

cette flotte des Perses ; le vainqueur, profitant de l'ardeur de ses soldats, osa, avec
des troupes fatiguées par un long combat,
tenter une descente, en présence d'un ennemi vigoureux & supérieur en nombre ;
son audace lui réussit ; les barbares épouvantés, se sauvèrent en désordre, &,
comme il n'y avait point à leur tête de
Gouverneur d'Eione, on en fit un grand
carnage ; pour comble de bonheur, le
lendemain Cimon ayant appris qu'un renfort de quatre-vingt vaisseaux Phéniciens
s'approchait, pour joindre les Amiraux
d'Artaxerxe, il remonta sur ses navires,
& prit ou coula à fond toute cette flotte
auxiliaire.

Cimon, couvert de gloire & chargé de
butin, rentra en triomphe dans Athènes ;
il fit servir l'or, enlevé aux barbares, à
fortifier cette ville & à l'embellir. On lui
attribue l'édification d'un vaste rempart,
qui unissait Athènes au port du Pirée ; c'est
lui aussi, qui embellit les places publiques,
de palmiers & de statues, & qui fit jaillir

en jets & en cascades, les eaux stagnantes des jardins de l'Académie.

Cimon, devenu riche par des voies dont il n'avait point à rougir, se montra, dans l'intérieur de sa maison, le plus magnifique des Grecs. Ses vastes jardins étaient ouverts au public, & il était permis à tout le monde d'y cueillir les fruits des vergers, ainsi que les fleurs des parterres; tout Athénien, riche ou pauvre, Sénateur ou homme du Peuple, était admis à sa table, & il traitait ses convives avec une égalité, que ceux-ci ne retrouvaient plus que dans les temples. Quand il sortait de sa maison, c'était avec un cortége qui annonçait moins le faste, que le desir d'obliger; en effet, un citoyen se présentait-il à ses yeux, couvert de haillons? il ordonnait à une personne de sa suite, de changer d'habits avec lui, & si la qualité du malheureux s'opposait à l'échange, il faisait glisser secrettement de l'or dans ses haillons, pour satisfaire à ses besoins, sans blesser sa fierté. Au reste, tout ce bien qui rendait Cimon l'idole d'Athènes, il le faisait sans efforts comme sans intérêt, uniquement parce qu'il était né bon, & qu'il lui en aurait plus coûté pour se réformer, qu'à d'autres pour se contrefaire.

EXIL DE CIMON, et SA MORT.

PAIX ENTRE LA GRECE ET LA PERSE (*a*).

CIMON, avec le crédit énorme dont il jouiſſait, pouvait faire revivre le deſpotiſme de Piſiſtrate ; mais il n'avait que l'ambition des grandes ames, celle de faire reſpecter les loix à ſes concitoyens, en y obéiſſant lui-même. Sa vertu eut le fort qui l'attend d'ordinaire dans les Démocraties ; l'exil fut ſa récompenſe.

La vraie cauſe des malheurs de Cimon, fut la jalouſie ombrageuſe de Périclès, qui épuiſait déja ſon génie, à faire une autre Athènes que celle de Solon ; le prétexte fut l'enthouſiaſme raiſonné de ce grand

(*a*) *Plutarch.* in Cimon & Pericl. *Thucyd.* lib. 1 ; *Diod. Sicul.* lib. 11.

homme, pour la légiflation de Lacédémone.

Quand on propofait, dans les affemblées nationales, des chofes utiles, mais
injuftes, il avait toujours ce mot à la
bouche : *Ce n'eft pas ainfi qu'agiffent les
Spartiates*, ce qui indifpofait Athènes,
qui aurait encore mieux aimé qu'on lui
citât la Perfe pour modèle, que fa rivale.

Un évènement fingulier, que perfonne,
dans la Grèce, ne pouvait prévoir, acheva
de fervir les fourdes menées de la faction de
Périclès. Il y eut, vers ce tems-là, à Sparte,
un tremblement de terre horrible, qui fut
fur le point d'y anéantir la race humaine ;
le mont Taygète fut ébranlé jufques dans
fes fondemens ; des abymes incommen-
furables s'ouvrirent de toutes parts, & la
ville de Lycurgue fut tellement boule-
verfée, qu'il n'y refta que cinq maifons
debout. Pour comble de calamité, les
Hilotes fe foulevèrent, &, vengeant leur
long efclavage, allèrent, fur les débris des
édifices de Sparte, exterminer, le poignard

à la main, ceux que les gouffres nouveaux n'avaient pas engloutis. Le sang froid & la valeur d'Archidame, un des Héraclides, sauvèrent les restes de la Nation, & les hommes les plus libres du globe, ne périrent pas de la main de leurs esclaves.

Quand Sparte fut un peu remise de sa terreur, elle envoya demander du secours à Athènes contre les Hilotes, qui, après avoir soulevé les Messéniens & d'autres peuples tributaires, ravageaient la Laconie, & faisaient des courses jusque sur les bords de l'Eurotas. La faction de Périclès, dont l'Orateur Ephialte était l'interprête, s'opposa à cet acte d'humanité, prétendant qu'il était de la saine politique de tenir l'orgueil de Sparte humilié, en la laissant ensevelie dans ses abymes. Cimon frémit, de voir un machiavélisme, petit & cruel, se jouer ainsi de la morale du genre humain; il émut les ames sensibles, par le tableau pathétique des désastres que le tremblement de terre avait entraînés; il éclaira les vrais politiques, en leur faisant fentir le danger qu'il y aurait, à *laiffer la Grèce boiteufe, & Athènes fans contrepoids*, & le peuple ramené, envoya quatre mille hommes au fecours des Spartiates.

La méfintelligence fe mit, peu de tems après, entre les deux grandes métropoles de la Grèce, & Cimon en fut la victime; on l'accufa d'être Lacédémonien dans le cœur, & il fubit la peine de l'oftracifme.

Après cinq ans d'exil, on fentit le befoin qu'on avait de ce grand homme, & il fut rappellé; ce fut Périclès lui-même qui propofa le décret pour fon retour; on le remit à la tête des armées, & il rétablit la concorde entre Athènes & Lacédémone.

Cependant, la guerre entre la Perfe & la Grèce durait encore, & Cimon foutenait avec éclat la gloire des vainqueurs de Platée & de Salamine. Artaxerxe voulut lui oppofer Thémiftocle, & celui-ci, comme nous l'avons vu, fe tua, pour ne manquer, ni à fa patrie, ni à fon bienfaiteur; alors le defpote fe croyant fans reffources, ordonna à Artabafe & à Mégabyfe, fes Généraux, d'offrir la paix aux Athéniens. La guerre, depuis long-tems, péfait également aux vainqueurs & aux vaincus, & les difficultés que faifait naître l'orgueil des deux Puiffances, ne tardèrent pas à s'applanir.

Pendant les conférences du traité de paix, Cimon mourut, probablement d'une bleffure qu'il avait reçue au fiége de Citium. Prêt d'expirer, ce grand homme ordonna à fes Officiers de cacher fa mort, & de ramener la flotte au Pirée; fes intentions furent fuivies avec fcrupule; perfonne, ni parmi les alliés, ni parmi les ennemis, ne fe douta que l'Amiral ne fût plus; & fon ombre tutélaire conduifit encore les Athéniens dans leur patrie, trente jours après avoir verfé tout fon fang pour eux.

Le traité entre Athènes & Artaxerxe, fuivit de près la mort de Cimon; il fut décidé qu'aucune des Républiques Grecques ne porterait plus leurs armes dans les pays de la domination du Roi; mais ce fut à des conditions bien faites pour humilier l'orgueil des Perses.

1°. Toutes les villes Grecques de l'Asie mineure furent autorisées à secouer le joug qu'on leur avait imposé, & à se gouverner désormais par leurs propres loix.

2°. Il ne fut plus permis à aucun vaisseau d'Artaxerxe, de voguer dans les mers de l'Archipel ; on leur interdit, en particulier, la navigation depuis le Pont-Euxin, jusqu'aux côtes de la Pamphylie.

3°. Aucune armée Perse n'eut la liberté de s'approcher à la distance de moins de trois jours de marche, de ces mers dont la Grèce affectait l'Empire.

Ainsi se termina cette guerre mémorable, qui fit germer, sur une terre indépendante, une race féconde de héros ; mais pendant un demi-siècle qu'elle dura, elle épuisa l'Europe & l'Asie ; les Grecs y perdirent au moins cent mille hommes, & les Perses près de quatre millions. Après ces cinquante années de désastres, les vainqueurs & les vaincus se retrouvèrent au même point où ils étaient avant la guerre, & c'eſt ce que nous remarquerons mille fois dans les annales des Nations ; mais les fautes d'un ſiècle, ſont toujours perdues pour ceux qui les ſuivent.

La mort de Cimon, ainſi que le traité entre la Grèce & la Perſe, tombent l'an 1133 de l'Ere de Paros, c'eſt-à-dire, à la même époque, que le fameux ſuicide de Thémiſtocle.

DE QUELQUES GUERRES AVEC LA PERSE,

OU LA GRÈCE NE PARUT QUE COMME PUISSANCE AUXILIAIRE.

Occupés jusqu'ici à peindre les Grecs de face, nous avons négligé les occasions que l'Histoire nous procurait de les deffiner de profil ; & il faut revenir un moment fur nos pas, pour ne rien perdre de ce qui peut nous faire connaître à fond le peuple de la terre qui a eu le plus de droits à la célébrité.

Long tems avant la conclufion du traité entre les Républiques de la Grèce & Artaxerxe, l'Egypte, qui ne favait jamais ni être libre, ni obéir à fes maîtres, avait fecoué le joug de la Perfe ; un Prince de la Lybie, nommé Inare, s'était mis à la tête des rebelles, &, fortifié de l'alliance des Athéniens, il bravait, dans Memphis, toute la puissance du Roi des Rois.

Artaxerxe (*a*) leva une armée de quatre cents mille hommes, y joignit une flotte de quatre-vingt vaisseaux, & avec de pareilles forces, il chargea son frère, Achœmène, de ranger l'Egypte à son devoir. Ce Prince, à peine arrivé sur les rivages du Nil, avant de reconnaître les forces de son ennemi, songea à lui livrer bataille. Cette imprudence lui coûta cher. Inare le vainquit, le tua de sa propre main, & renvoya son cadavre à Artaxerxe. Ctésias croit que cette journée fatale coûta cent mille hommes à la Perse.

Les débris de l'armée vaincue se sauvèrent à Memphis. Cette ville, la plus forte de l'Afrique, avait trois enceintes

____

(*a*) Ctésias, *loc. citat.* Diod. lib. 11, Thucyd. lib. 1.

de murailles ; les Egyptiens en firent le siége, & se rendirent aisément maîtres des deux premières enceintes ; mais les Perses, retranchés dans la ville intérieure, ne purent être forcés ; on les tint bloqués pendant trois ans, sans pouvoir les contraindre à capituler, & au bout de ce terme, ils furent délivrés par une seconde armée d'Artaxerxe.

Ce fut Mégabyse qui fut chargé de venger la défaite des Perses & la mort d'Achœménide ; il partit avec deux cents mille soldats, & quand il arriva en Egypte, son armée, grossie par les troupes auxiliaires & par la nombreuse garnison de Memphis, se trouva forte de cinq cents mille hommes. Il y eut une bataille décisive, où Inare, vaincu & blessé, fut obligé de prendre la fuite, & de chercher un asyle dans les murs de Byblos.

Cette Byblos, qu'il ne faut point confondre avec la fameuse Byblos de Phénicie, patrie de Sanchoniaton, était située dans une isle de Prosopitis, formée par deux bras du Nil, tous deux navigables. Les Athéniens, qui fervaient de troupes auxiliaires à Inare, mirent leur flotte dans un de ces bras, & foutinrent, dans l'ifle, un fiége d'un an & demi contre les Perfes. Mégabyfe, défefpérant d'entrer dans Byblos, l'épée à la main, & n'ayant pas le tems de la prendre par famine, eut recours au ftratagême qui avait procuré à Cyrus la conquête de Babylone ; il faigna, par divers canaux, le bras du Nil où la flotte d'Athènes était à la rade, le mit à fec, & ouvrit par-là un paffage à fon armée, pour pénétrer jufques fous les murs de Byblos. Inare vit alors qu'il était perdu ; il capitula avec Mégabyfe, & fe rendit, à condition qu'on lui laifferait la vie ; pour les Athéniens, ils prirent une réfolution digne des héros des Thermopyles ; ils brûlèrent leur flotte, &, formant un bataillon quarré, ils préfentèrent fièrement le combat aux Perfes. Le Général d'Artaxerxe, qui favait ce qu'il en avait coûté à Xerxès, pour réduire au déſeſpoir des hommes qui ne ſavaient que vaincre ou mourir, prit le parti ſage de les laiſſer retourner dans leur patrie, & c'eſt ainſi, que même dans leurs défaites, les Grecs prouvaient à leurs vainqueurs leur ſupériorité.

La paix d'Artaxerxe enchaîna quelque tems la valeur des Grecs ; mais à la première occaſion qui ſe préſenta d'humilier les ſucceſſeurs de Cyrus, ſans compromettre la liberté de leurs propres Républiques, ils le firent, avec une audace qui naiſſait du ſentiment de leurs forces. La Perſe devint pour eux une proie toujours ſubſiſtante, qu'ils déchirèrent à l'envi, juſqu'à ce qu'un conquérant adroit, profitant de l'épuiſement des vainqueurs & des vaincus, les fit tous paſſer ſous ſon joug ; car c'eſt d'ordinaire, ainſi, que ſe terminent les haînes nationales des Etats, qui font des ennemis-nés de leurs voiſins ; ils s'écraſent en tombant l'un ſur l'autre, afin qu'il s'élève, ſur leurs débris, une troiſième Puiſſance qui achève de les anéantir. Cette obfervation, qui n'a jamais corrigé aucun peuple de la manie de haïr, eft le réfultat de toutes les hiftoires individuelles du globe.

Les révoltes continuelles des Satrapes de l'Afie mineure, contre les defpotes de la Perfe, ne fervaient pas peu à réveiller la jaloufie des Grecs, endormie quelque tems fur la foi des traités. Comme ces fameux Républicains paffaient pour tenir dans leurs mains la deftinée des Monarchies, le premier foin des rebelles, était toujours d'acheter leur alliance, avec leur or & leurs adulations. Cependant, tout ces Rois ufurpateurs, que les Grecs oppofèrent aux Rois légitimes, ne purent jamais venir à bout d'ébranler le trône de Cyrus.

Trois Eunuques, aux ordres de Parifatis, gouvernaient la Perfe, pendant l'éternelle minorité du fecond Darius, lorfqu'Arfitès, un des dix-fept bâtards d'Artaxerxe, croyant l'occafion favorable pour envahir le trône, parut tout d'un coup à la tête d'une armée. Arsitès n'avait que de l'ambition, sans le génie qui la fait valoir ; mais les ennemis de Parisatis qui, du sein de la Cour, favorisaient secrettement la rebellion, rétablirent tout d'un coup la balance, en protégeant la faiblesse d'Arsitès, par un corps de troupes Grecques, que lui amena le fils du célèbre Mégabyse. Le rebelle, fier de commander à la postérité des vainqueurs de Platée & de Marathon, marcha au-devant des Généraux de Darius, & remporta sur eux deux victoires. Parisatis & les trois Eunuques tremblèrent dans Suze. Alors ils changèrent de syftême. Les Grecs ne pouvant être vaincus, on chercha à les corrompre. Le Miniftère fit partir des Agens secrets, qui s'introduisirent dans le camp d'Arsitès, & y négocièrent sa perte. Les Grecs abandonnèrent, en effet, le Roi qu'ils avaient fait vaincre deux fois, & celui-ci, défait à son tour, par l'armée de Darius, ayant eu la faiblesse de venir implorer, dans Suze, la clémence de

fon vainqueur, y périt du dernier fupplice.

Cet évènement ne fit qu'augmenter la
terreur, que le nom Grec imprimait à
l'Afie ; auffi, peu de tems après, un nouvel
Arfitès parut dans l'Afie mineure. Pifuthnès (c'eft fon nom), déja Roi dans
la Lydie, dont on l'avait fait Satrape, fe
laiffa tenter par l'ambition de gouverner
la Perfe, & leva des troupes dans fon Gouvernement, pour faire la guerre à Darius.
Ce rebelle était d'autant plus dangereux,
qu'outre l'ancien Royaume de Créfus, où
il dominait, & dont il tirait de l'or &
des foldats, il était foutenu par toutes
les villes libres de l'Afie mineure. Athènes même lui avait envoyé un Général &
des troupes auxiliaires. Tiffapherne, qui
commandait l'armée de Parifatis, vit bien
qu'il n'était pas aifé de réduire le Satrape
par la force ; il s'occupa à corrompre les
Athéniens, dont il redoutait l'expérience
& la bravoure, & il y réuffit. Ces Athéniens n'étaient plus que la race dégénérée

des Miltiade & des Ariftide; ils avaient perdu leur vertu & leur gloire, avec leur heureufe médiocrité; éblouis par l'or que Tiffapherne fit briller à leurs yeux, & devenus plus vils encore que leurs corrupteurs, ils livrèrent aux Perfes le Satrape de Lydie, qu'ils étaient venus défendre. Seulement, pour fauver les apparences, ils exigèrent du Roi un fauf-conduit pour Pifuthnès, & quand ce frivole gage de la foi de Darius fut arrivé, ils livrèrent, à fes fatellites, leur victime.

La dernière révolte des Satrapes de la Perfe, où les Grecs jouèrent un rôle, fut celle de Cyrus le jeune, contre le fecond Artaxerxe; mais ce grand évènement, qui fe termine par la fameufe retraite des dix milles, mérite un Chapitre particulier dans l'Hiftoire de la Grèce & des Hommes.

COMMENCEMENS

DE

PÉRICLÈS (a).

Périclès devait quelque chose à ses ancêtres ; ce qui semble, d'abord, assez inutile, pour s'avancer dans une République. Il avait, pour père, Xanthippe, le vainqueur de Mycale, & pour mère, Agariste, nièce de ce Clisthène, qui bannit de la Grèce la famille de Pisistrate. Son génie précoce le fit destiner de bonne-heure aux grandes choses ; aussi, on lui donna, pour instituteur, Anaxagore, le premier Philosophe de son tems ; car Socrate, Platon & les beaux génies du siècle

____

(a) *Plutarch.* in vit. Pericl. in sympos. &c.

d'Alexandre, ne fleuriffaient pas encore; cet Anaxagore eft célèbre, pour avoir le premier, parmi les Grecs, attribué l'origine de tout à une intelligence, quoiqu'il foit très-difficile de croire, que la raifon naiffante du peuple le plus heureufement organifé du globe, ait, pendant une foule de fiècles, admis des effets fans caufe.

Périclès ne fut Phyficien, qu'autant qu'il en avait befoin, pour s'éclairer fur le néant des fonges, des augures, & de toutes les fuperftitions facerdotales, avec lefquelles on mène les peuples, dans les fiècles d'ignorance. Une vie toute entière, paffée dans la contemplation de la nature, ne pouvait convenir à ce génie ardent, qui n'exiftait que par l'ambition, & qui trouvait bien moins de gloire à inftruire les hommes qu'à les gouverner.

Un talent infiniment plus fait pour feconder fes vues fecrettes de domination, était celui de la parole; auffi il s'y livra tout entier. Il n'était pas moins Orateur, qu'homme d'Etat. Ariftophane, qui fe connaiffait en éloquence, puifque ce Poète, vil & jaloux, prépara la ciguë, pour fermer la bouche à Socrate, Ariftophane, dis-je, prétendait que celle de Périclès mettait en mouvement toute la Grèce. Dès qu'il paraiffait dans la place publique, tout le monde fe défiait de lui & s'armait de réfiftance ; il parlait, & tout était fubjugué.

Thucydide, non l'Hiftorien, mais l'homme d'Etat, peignit un jour, d'une manière bien caractériftique, l'éloquence de Périclès. Ils fe rendaient quelquefois tous deux dans le gymnafe, & là, ils luttaient enfemble, à la manière des Athlètes ; Thucydide était ordinairement vainqueur, mais fa vanité n'en était pas plus fatisfaite. » Je ne fais, difait-il avec » ingénuité, comment fait Périclès ; mais » j'ai beau le terraffer ; lors même qu'il » eft à terre, il foutient au public qui » l'environne, qu'il n'eft pas tombé, & » qui plus eft, il le perfuade «.

Au reste, l'éloquence de Périclès n'était
pas toujours celle des Sophistes; rien n'était
plus noble & plus imposant que ses ha-
rangues publiques; avant de monter à la
tribune, il se disait à lui-même: *Songe que
tu vas parler à des hommes libres*, & son
style se montait à la hauteur de son sujet.

Il fallut, d'abord, une grande adresse
à Périclès, pour avoir du crédit dans sa
République; car, comme il ressemblait
beaucoup, par la taille, par l'inflexion de
voix & par la physionomie à Pisistrate,
le peuple, qui ne l'était pas moins à
Athènes que dans les Monarchies de
l'Orient, prit ombrage de lui, comme si
la nature l'avait organisé pour la tyrannie,
& peu s'en fallut qu'on ne le punît par
l'ostracisme, de cette conformité avec un
homme dangereux, avant même qu'il
songeât à l'imiter.

Périclès se déroba aux affaires publiques, tant qu'il craignit l'influence de ce
préjugé contre lui. Enfin, le besoin qu'A-
thènes avait d'être gouvernée, sans le

favoir, par des hommes de génie, le tira de fa feinte léthargie. Miltiade & Arif-tide n'étaient plus ; Thémiftocle avait demandé un afyle au defpote de la Perfe ; Cimon faifait refpecter le nom Grec hors du Péloponèfe. Périclès, ne voyant point de rivaux dans la carrière de la domination, y parut tout à-coup ; fon audace réuffit, le préjugé populaire fe tut, & Athènes eut un maître.

De ce moment, l'adroit politique changea entièrement fa manière de vivre ; il renonça aux plaifirs de la table & au commerce des femmes. Renfermé tout le jour dans fon cabinet, pour y rédiger des plans de réforme utiles à la patrie, il n'en fortait que pour les faire agréer à l'affemblée nationale ; le peuple lui-même ne le voyait que rarement dans la place publique ; car fon fyftême était celui des defpotes de l'Orient, qui n'achètent le droit d'être toujours refpectés, qu'en fe rendant toujours invifibles. Il paraiffait donc, quand il s'agiffait d'imprimer de grands mouvemens à la Grèce ; mais les décrets peu importans, étaient proposés par des Orateurs, qui lui étaient dévoués. » Périclès, disait à ce sujet Plutarque, est » le Jupiter des Philosophes, qui, con- » tent d'embrasser les mondes, dans sa » bienveillance générale, abandonne à » des Dieux subalternes, le soin de con- » cilier les besoins des êtres, avec les loix » de sa providence «.

Périclès, qui avait l'ame grande, acheta ordinairement son pouvoir par des ser- vices ; mais il lui arriva aussi quelquefois de corrompre le peuple qu'il voulait do- miner ; c'est ainsi qu'il augmenta la rétri- bution des séances aux assemblées, pour que les hommes pauvres pussent payer leurs places aux spectacles ; c'est ainsi qu'il fit partager à la multitude, les terres dont on faisait la conquête ; innovations bien moins fatales encore, au trésor public qu'elles épuisaient, qu'à la vertu des ci- toyens, dont elles étouffaient le germe jusques dans les générations à naître.

Une des plus grandes erreurs en politique, dont l'Histoire puisse accuser la
mémoire de Périclès, est d'avoir humilié
& affaibli le tribunal à jamais respectable
de l'Aréopage ; il avait la faiblesse de le
craindre, comme s'il eût médité lui-même
des attentats contre la patrie, & qu'il cher-
chât, en enchaînant les dépositaires de la
loi, à se dérober un jour à leur vengeance.

Périclès profita de son crédit naissant,
pour faire exiler Cimon, le boulevard
de la Grèce, contre les invasions des barbares. Ce fut l'Orateur Ephialte, dont
l'éloquence vénale se prêtait à toutes les
manœuvres de l'ambition, qui, de con-
cert avec lui, suscita l'orage contre ce
grand homme. Périclès s'apperçut bientôt
que sa politique ombrageuse avait mis
l'Etat en danger, &, non moins ardent à
réparer ses fautes, qu'un ambitieux vulgaire à les commettre, il dressa lui-même
l'acte de rappel de son rival. Ce trait de
générosité lui fit le plus grand honneur
auprès des gens de bien ; Cimon y fut

plus senfible que perfonne ; mais il mourut en méditant fa reconnaiffance.

RIVALITÉ

D E

PÉRICLÈS ET DE THUCYDIDE,

Triomphes du premier.
Il acquiert le pouvoir
de Pisistrate.

LA mort de Cimon laiffait Athènes au pouvoir de Périclès. On fe hâta, afin d'affaiblir ce pouvoir par la rivalité, d'élever Thucydide, le beau-frère du grand homme que la République venait de perdre; mais c'était une faible barrière, pour rompre le torrent qui menaçait de tout envahir; Thucydide n'oppofait qu'une probité auftère au génie de Périclès, & tôt ou tard il devait être vaincu; il le fut en effet, & la liberté publique, brisée par l'effort même qu'elle avait fait pour se maintenir, céda enfin à l'ascendant du nouveau Pisistrate.

Au reste, Périclès, il faut l'avouer, n'eut point la politique égoïste des ambitieux subalternes; il ne fit rien pour lui, dont la patrie ne tirât quelqu'avantage. On en voit la preuve, dans l'histoire de ses établissemens.

On s'était apperçu, depuis Thémistocle, qu'Athènes ne devait qu'à sa marine sa prépondérance dans la Grèce; Périclès équippa tous les ans une flotte de soixante vaisseaux, & la monta d'un grand nombre de citoyens pauvres, qu'il soudoyait pendant huit mois, aux dépens du trésor public. C'est ainsi qu'il savait, à la fois, former des hommes de mer, & se faire des créatures.

Les colonies qu'il envoya dans les isles de Naxos & d'Andros, en Thrace, & jusqu'en Italie, ne remplirent pas moins son double plan de dominer & d'être utile : d'un côté, il déchargeait la ville d'une multitude oisive, qui n'avait d'existence que par les troubles qu'elle faisait naître ; de l'autre, il retenait les alliés dans le respect, en établissant sur leurs frontières des surveillants, qui les empêchaient de rien entreprendre contre la sûreté de la Métropole.

Ce qui a fait le plus d'honneur à Périclès, aux yeux de son siècle & de la postérité, c'est que, grace à son goût éclairé, Athènes devint en peu de tems le centre des arts & des connaissances humaines. Nous parlerons bientôt en détail de tous les monumens dont il embellit sa patrie, quand nous décrirons cette ville célèbre, qui n'est devenue une seconde Babylone, que du moment où Périclès l'a gouvernée. Quant au tableau des connaissances humaines, il se trouvera lié à notre siècle d'Alexandre.

Cependant, plus Périclès, par ses ouvrages immortels, avait de droit à la reconnaissance publique, plus l'envie qui

ne vit que des poifons qu'elle diftille ,
cherchait à flétrir les intentions de cet
homme célèbre. On fit rentrer Thucydide, déjà vaincu une fois, dans la carrière , & l'acharnement entre les deux
partis, devint tel , que le repos de la
patrie demanda néceffairement une grande victime. Le génie triompha encore
de la probité fans lumières, & Thucydide, jugé dans une affemblée nationale ,
fubit la peine de l'oftracifme.

De ce moment, Périclès, chef d'une
République , quant au titre , devint en
effet le Souverain d'une Monarchie ; il
difpofait à fon gré de l'armée de terre, de
la flotte & des finances. Les Rois faifaient
des traités avec lui, & les barbares frappés
de terreur à fon nom , fe rendaient fes
tributaires.

La grandeur qu'il devait à fa politique
profonde, il fut la conferver par fes vertus ; on ne revient pas de fon étonnement
quand on apprend par Plutarque, que ce
grand homme, qui avait difpofé pendant

tant d'années du tréfor de la République, dont les Rois de l'Orient achetaient l'amitié par leurs dons fuperbes, qui avait fait d'Athènes la Babylone de l'Europe, *n'augmenta pas , d'une feule drachme , le bien qu'il avait hérité de fes ancêtres.*

Périclès n'avait point l'ame de fang des ufurpateurs : quand il nuifit à fes ennemis, il ne fit que repouffer la force par la force : du moment que fon rival était vaincu, il devenait facré pour lui ; nous l'avons vu tendre lui-même la main à Cimon, exilé, pour lui confier les deftinées de fa République. Maître de la vie de Thucydide, il la refpecta, & quand on a dit qu'il fit affaffiner l'Orateur Ephialte, lorfqu'il n'eut plus befoin des fervices de cette plume vénale, on n'a fait que répéter une calomnie d'une faction aveugle, qui portait dans fon invraifemblance le contre-poifon de fon atrocité.

Périclès avait fi peu de fiel dans fon caractère, qu'il ne fe vengea jamais des

Poëtes dramatiques , qui le jouaient sur le théâtre d'Athènes. Il savait que la satyre sans talents ne perce jamais , & que la satyre unie aux talens ne flétrit que l'homme vil qui la lance. L'histoire ne fournit d'exception à ce principe , que dans le procès mémorable de Socrate.

L'histoire d'Athènes sera encore long-tems renfermée dans la vie de Périclès : car ce grand homme gouverna ses concitoyens pendant près de quarante ans , & sur-tout quinze ans avec un pouvoir absolu, c'est-à-dire, depuis l'exil de Thucydide.

DISSENTIONS

ENTRE

ATHÈNES et LACÉDÉMONE.

ATHÈNES, depuis long-tems, était la puissance dominante du Péloponèse. Périclès, pour l'en rendre plus certaine, ordonna par un décret à tous les Grecs, soit de l'Europe, soit de l'Asie, d'envoyer dans cette Métropole superbe leurs députés, pour y tenir des espèces d'Etats-Généraux. Le vrai motif était de faire connaître à tout le monde la supériorité d'Athènes ; le prétexte qu'on imagina, fut de conférer sur les moyens de relever les temples renversés par les Perses, d'assurer à la Confédération l'empire des mers, & de lier les Peuples les uns aux autres par des traités de commerce.

Vingt Citoyens diftingués par leur rang
& par leurs lumières, partirent, en vertu
de ce décret, pour notifier aux Grecs la
volonté d'Athènes. Cinq fe chargèrent de
vifiter les côtes de l'Afie mineure & l'Archipel, jufqu'aux ifles de Rhodes & de
Lesbos : cinq autres fe rendirent le long
de la Thrace & de l'Hellefpont. On ordonna à cinq de leurs collègues de parcourir la Béotie, la Phocide, le Péloponèfe, & de fuivre le Continent fupérieur
jufqu'à Ambracie. Les derniers traversè-
rent l'Eubée, & négocièrent auprès des
Peuples du mont Œta, des Phthiotes,
des Achéens, & dans toute la Theffalie.

Le bruit du décret de Périclès parvint
en un inftant dans toute la Grèce ; la
jaloufie de Sparte s'en alarma, & elle
cabala avec tant de fuccès pour le rendre
inutile, qu'aucune ville n'envoya de députés dans Athènes. ce qui fit échouer
le projet des Etats-Généraux.

Dès-lors Périclès prévit une guerre
entre les deux Puiffances. Pour y préparer

ſes concitoyens, il ferma l'Iſthme par un rempart bordé de forts, de diſtance en diſtance, qui s'étendait d'une mer à l'autre, & qui mettait le pays à l'abri des invaſions des Thraces ; il promena une flotte de cent voiles autour du Péloponèſe, & la conduiſit enſuite au Royaume de Pont, protégeant, ſur ſon paſſage, les villes Grecques, mais ſans affecter l'orgueil des protecteurs, & ſubjuguant les Peuples barbares, qui ne voulaient pas devenir ſes tributaires.

C'eſt à cette époque que la diſcorde éclata entre Athènes & Lacédémone. Cette dernière ville avait, de ſon autorité privée, dépouillé les Peuples de la Phocide de l'intendance du temple de Delphes ; Périclès appellé par les Phocéens, leur rendit leurs priviléges, & à l'inſtant les Lacédémoniens parurent en armes dans l'Attique.

Athènes triompha dans cette première expédition de ſa rivale, & le Roi de Sparte, Pliſtonax, fut contraint, en ſe retirant dans la Laconie, de signer avec Périclès une trève de trente ans.

La trève dura à peine six ans. Au bout de cet intervalle, Périclès, pour plaire à la célèbre Aspasie, alla mettre le siége devant la capitale de l'isle de Samos, rasa ses remparts, & la rendit tributaire ; il envoya ensuite une flotte aux habitans de Corcyre, pour les garantir de l'invasion des Corynthiens, & ayant à se plaindre de Potidée, ville de Macédoine, il fit partir une armée pour en faire le siége. Tous ces mouvemens ouvrirent les yeux aux Grecs. Sparte leur persuada que la ville que gouvernait Périclès, aspirait à la Monarchie universelle, & de-là, naquit la fameuse guerre du Péloponèse.

ORAGE CONTRE PÉRICLÈS,

QUI DÉTERMINE LA GUERRE DU PÉLOPONÈSE.

LA guerre contre ſes voiſins eſt la grande reſſource du machiavéliſme d'un deſpote, quand, au milieu des diſſentions civiles, il voit le pouvoir ſuprême ſur le point de lui échapper ; pendant qu'on s'égorge ſur les frontières des Etats, pour ſoutenir ce qu'on appelle la gloire nationale, le trône de l'uſurpateur ſe raffermit ſur ſa baſe, & les vainqueurs ne rentrent, avec leurs trophées, dans leur patrie, que pour y ſubir des fers.

Périclès était juſte, il avait l'ame grande, il n'aimait point à répandre le ſang ; mais accoutumé depuis près de quarante ans à donner des loix dans Athènes, il eut

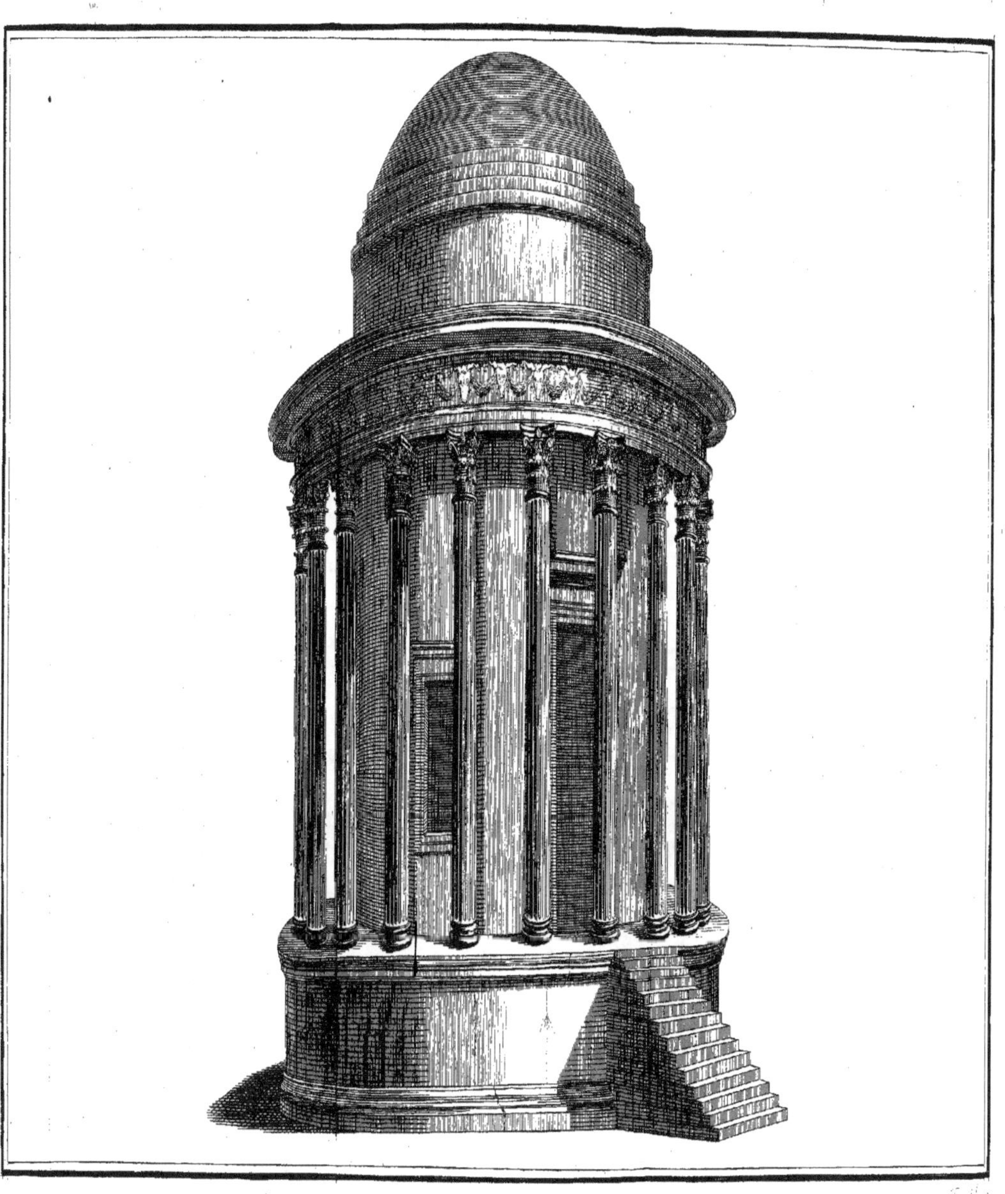

TEMPLE GREC

en forme de rotonde.

la faibleſſe de ne point vouloir mourir ſimple citoyen, dans une ville où il avait été Roi ſi long-tems, & voyant une faction formidable ſur le point d'opérer une révolution, il ne chercha à rompre ſes meſures, qu'en déterminant la guerre du Péloponèſe.

Les ennemis de Périclès avaient, en effet, un aſſez beau prétexte pour colorer leur ſourde animoſité contre ce grand homme. Toutes les villes de la Grèce, en vertu d'un décret du tribunal ſuprême des Amphyctions, contribuaient chaque année pour ſoutenir la guerre contre les Perſes, & dépoſaient leurs ſommes au temple d'Apollon, dans l'iſle de Délos. Une intrigue politique fit tranſporter ce tréſor dans Athènes, comme dans la métropole du Péloponèſe, & Périclès, qui feignit de croire que la paix qu'il avait ſignée avec Artaxerxe ſerait éternelle, employa tout cet or amoncelé, à décorer ſa patrie de monumens propres à en faire une ſeconde Babylone.

Le Péloponèſe murmura contre cet emploi coupable de ſes contributions, & le parti oppoſé à Périclès, enchanté de ſe couvrir du manteau du zèle public, pour renverſer la domination du nouveau Piſiſtrate, donna, par ſes clameurs, une nouvelle force à ces murmures.

Le Roi d'Athènes (car la poſtérité doit appeller tous les hommes par leurs noms), inſtruit de l'orage qui menaçait ſa tête, vint lui même, dans une aſſemblée nationale, faire ſon apologie (*a*). » Athé-» niens, leur dit il, ne deſcendons point » à l'humiliation de rendre compte, aux » villes confédérées, de l'argent que nous » en avons reçu. Nous les avons défen-» dues, nous avons éloigné les barbares » du ſein du Péloponèſe; que peut-on » demander de plus ? De quelle reſſource » nous ont donc été, pour ſoutenir le

____

(*a*) Ce diſcours n'eſt que l'analyſe ſimple & fidèle de Plutarque.

» fardeau de la guerre, ces alliés, dont
» l'ame est si rétrecie ? Ont-ils armé des
» soldats, ont-ils équippé des navires ?
» Non. Ils se sont contentés de nous faire
» passer de modiques sommes d'argent,
» avec lesquelles ils ont cru satisfaire à
» tous les devoirs du patriotisme. Eh quoi!
» cet argent, du moment qu'il est délivré,
» ne cesse-t-il pas d'appartenir à ceux qui
» le donnent ? ne devient-il pas le bien
» légitime de ceux qui le reçoivent, du
» moment qu'ils remplissent tous leurs
» engagemens ?

» Hommes injustes, jettez les yeux
» sur Athènes ; n'est-elle pas pourvue de
» tout ce qui est nécessaire pour vous
» défendre contre d'odieux aggresseurs ?
» les guerriers de Platée & de Marathon
» ont-ils dégénéré ? la race des Cimon
» & des Miltiade est-elle anéantie ? At-
» tendez, pour vous plaindre, qu'un
» nouveau Xerxès vienne, s'il l'ose,
» porter l'embrâsement au sein du Pélo-
» ponèse.

„ Et vous, ô mes concitoyens, qui
„ permettez à la calomnie d'envenimer
„ tout ce qu'on fait pour votre gloire, à
„ quel meilleur ufage pouvais - je em-
„ ployer ces fommes amoncelées dans
„ vos temples, qu'à élever autour de
„ vous des monumens deftinés à tranf-
„ mettre votre mémoire aux fiècles?
„ voyez tout le bien politique qui a
„ réfulté de ce prétendu crime d'admi-
„ niftration; j'ai fait revivre par-tout l'in-
„ duftrie & l'abondance; tandis que je
„ foudoyais la jeuneffe en état de porter
„ les armes, pour faire refpecter votre
„ nom fur les mers de l'Afie & de l'Eu-
„ rope, j'occupais, à la conftruction des
„ édifices publics, tous les Artiftes qui
„ vivent des befoins du luxe; la nature,
„ à cet égard, s'uniffait au génie, pour
„ donner à mes idées de grandeur, tout
„ leur développement. La nature a fait
„ naître en abondance, autour de ces
„ remparts, tous les matériaux de la
„ fculpture & de l'architecture, tels que

» le cyprès & l'ébène, l'or, l'airain &
» l'ivoire. Le génie, ensuite, a inspiré,
» pour les mettre en œuvre, des Artistes
» dont s'énorgueilliraient les antiques
» métropoles de l'Orient. Ils vivent, ces
» Artistes, & leurs ouvrages, qui sem-
» blaient demander le concours de plu-
» sieurs siècles, pour atteindre à leur per-
» fection, ont été commencés & finis sous
» le gouvernement d'un seul homme. —
» Tels sont les crimes de Périclès; s'il est
» un seul d'entre vous qui ose me les re-
» procher, qu'il paraisse; c'est sous le
» marbre de ces portiques que nous fou-
» lons aux pieds, à la vue de ces tem-
» ples majestueux qui décorent cette en-
» ceinte, au milieu des statues de nos
» grands hommes, que je l'attens; c'est-
» là qu'il pourra m'accuser d'avoir été
» trop Athénien dans le cœur, & dé-
» vouer, à son gré, ma tête à l'ostra-
» cisme «.

Personne ne parut, l'éloquence de Périclès enchaîna toutes les bouches, calma

tous les murmures, & le peuple fut de nouveau subjugué.

Cependant, le sommeil de l'envie n'est jamais de longue durée. Quand on vit que Périclès ne pouvait être attaqué en face, on employa des voies obliques pour affaiblir sa puissance. Trois personnes avaient la confiance de cet homme célèbre ; Anaxagore, son instituteur, Aspasie, sa maîtresse, & le fameux sculpteur Phidias, qui avait présidé aux embellissemens d'Athènes ; ils furent tous trois mis en cause.

L'affaire de Phidias était celle sur laquelle on avait entassé le plus de nuages. La satyre s'était d'abord plu à répandre que ce grand Artiste avait acheté la confiance de Périclès, en lui procurant les faveurs des beautés d'Athènes, qui se rendaient dans son attelier, sous prétexte de venir admirer les chef-d'œuvres de son génie. Mais la satyre, toujours ténébreuse dans sa marche, n'osa pas soutenir cette vague calomnie à la face de tout un peuple, &

Phidias ne proſtitua pas ſon éloquence à lui répondre.

Les ennemis de l'Artiſte ſe bornèrent à le faire accuſer d'avoir détourné à ſon profit des ſommes conſidérables, deſtinées à la conſtruction de ſa ſtatue coloſſale de Minerve ; ils ſuſcitèrent, à cet effet, un de ſes élèves, appellé Menon, qui eut la baſſeſſe de ſe faire complice du larcin, afin de rendre plus ſûr, le coup qu'on voulait provoquer ſur la tête de ſon maître.

Phidias, heureuſement, connaiſſait le cœur humain ; il ſavait que les talens ſubalternes, cherchent, tôt ou tard, à punir le talent ſupérieur de ſa ſupériorité, &, prévoyant la manœuvre des hommes auſſi vils que Menon, il s'était réſervé un moyen de mettre, dans l'occaſion, ſon innocence dans tout ſon jour. En ſculptant ſa Minerve, il poſa l'or, deſtiné à l'enrichir, ſur ſa ſurface, de manière qu'onpouvait l'en ſéparer, ſans faire tort au fini de la ſtatue ; cette précaution, au reste, annonçait l'enfance de l'art ; car la physique a un moyen de calculer le poids de l'or réuni avec d'autres métaux, sans avoir besoin de détruire l'amalgame ; c'est une des grandes découvertes d'Archimède.

Il n'y avait point alors d'Archimède dans Athènes, & Phidias fut heureux d'avoir imaginé de démonter, dans le besoin, sa Minerve. Périclès fit enlever la statue de son sanctuaire, ordonna aux accusateurs d'en détacher les reliefs & de les péser ; le poids de l'or se trouva conforme à l'exposé de l'Artiste ; Menon, confondu, baissa les yeux, & le génie fut vengé.

Il semblait qu'après une apologie aussi éclatante, Phidias devait respirer en paix, dans le sein d'une ville qu'il avait embellie de tant de chef-d'œuvres ; mais dans les Démocraties, on craint presqu'autant le génie qui éclaire, que le génie qui gouverne. On fit un crime à l'Artiste, de s'être représenté lui-même,

ainfi que Périclès, au milieu de l'Egide
de la Déeſſe, & d'avoir incorporé avec
tant d'art ces deux figures avec l'Egide,
qu'il était impoſſible de les en détacher,
ſans mutiler l'ouvrage. Ce trait de vanité
fit beaucoup de tort à Phidias. La ſuperſtition du tems prétendait que l'introduction de ces deux figures modernes, alté-
rait la vérité d'un exploit célèbre de
Théſée, dans la guerre des Amazones,
& on punit l'auteur de ce prétendu ſacri-
lége, avec toute la rigueur des loix ſa-
cerdotales ; il fut traîné en priſon, & il y
mourut, ſoit de chagrin, ſoit *du poiſon
que ſes ennemis lui donnèrent, pour avoir
ſujet de calomnier Périclès* (a). Il y a cependant des Hiſtoriens qui prétendent
que cet Artiſte infortuné, ne fut condamné qu'à l'exil, & que c'eſt depuis
cette époque, qu'il fit ſa fameuſe ſtatue
de Jupiter Olympien. Ce dernier récit

____

(a) *Plutarch.* in Péricl.

rendrait les contemporains de Périclès un peu moins odieux aux yeux des Philo-sophes.

La chûte de Phidias , entraîna celle d'Anaxagore ; il y eut un décret, porté par les ennemis de Périclès, qui ordonnait à tout Athénien de dénoncer quiconque niait les Dieux , ou qui cherchait à soumettre les phénomènes céleftes à un fyftême philofophique. Ce trait portait directement fur l'inftituteur de Périclès, qui , n'admettant qu'une intelligence fuprême , renverfait , d'un feul coup , le polithéifme & toute la phyfique erronée des Théologiens du tems. Ce fage, d'ailleurs , dont la tête était exaltée par l'habitude de la contemplation , bleffait les yeux des Athéniens, par le genre de vie fingulier qu'il avait adopté ; défintéreffé par principe & par caractère , il avait quitté fa maifon , pour coucher fous un arbre ; fes terres étaient en friche , ou il en abandonnait le produit aux troupeaux étrangers qui venaient les moiffonner. Les peuples, que le luxe commence à dégrader, n'aiment à voir, ni les vertus, ni les singularités de la misantropie, & Anaxagore allait succomber, quand Périclès l'entraîna hors de la ville, & le mit en sûreté contre des ennemis d'autant plus dangereux, qu'ils réunissaient le glaive de la loi, au poignard sacré de la religion.

L'exil d'Anaxagore empoisonna sa vieillesse ; comme il avait une sensibilité désordonnée, il se persuada que Périclès, n'ayant plus besoin de ses services, l'oubliait, &, s'enveloppant la tête de son manteau, il résolut de se laisser mourir de faim. Périclès, instruit de cette résolution funeste, accourt chez son instituteur, baigne son sein de ses larmes, & le conjure de se conserver pour des amis qui l'honorent, & pour la République, qui, toute ingrate qu'elle est, a encore besoin de ses conseils. » Périclès, dit alors le » Philosophe, quand on a besoin de la » lumière d'une lampe, on y verse de » l'huile pour l'entretenir «. — Cette sensibilité, à-la-fois excessive & injuste, met beaucoup d'analogie, entre le caractère de l'Auteur d'Emile, & celui d'Anaxagore.

Le masque de la religion avait si bien servi aux ennemis d'Anaxagore, qu'ils l'employèrent bientôt après, contre Aspasie. Cette maitresse célèbre de Périclès, fut mise en cause, pour crime d'impiété, par un auteur de farces comiques, nommé Hermippe. Il est probable que l'impiété d'Aspasie, consistait à avoir amené, à ses pieds, plus d'adorateurs que la Vénus de la Mythologie. Cependant, quelqu'absurde que fût l'accusation, elle était sur le point de succomber, quand Périclès vint lui-même plaider sa cause; il mit tant de pathétique dans sa harangue, les larmes qu'il versa, dans les silences de sa déclamation, émurent tellement les Juges, qu'Aspasie fut sauvée, & le fanatisme ne compta point une femme, au rang de ses victimes.

Toutes ces atteintes, portées à la tranquillité des favoris de Périclès, tendaient évidemment à le détruire lui-même dans l'esprit du peuple ; quand les factieux s'apperçurent que les Athéniens accueillaient leurs calomnies, Dracontide, un de leurs Orateurs, leva tout-à-fait le masque, & porta un décret, par lequel il était ordonné à Périclès de rendre ses comptes, devant les Prytanes. Le nom même de la cause, était humiliant pour le chef suprême de la République ; car on l'appellait une *cause de concussion.*

Périclès, comme nous l'avons déja observé, avait tout le désintéressement des grandes ames ; son ambition consistait à dominer, & , maître du trésor de la Grèce, il ne songea jamais à augmenter, d'une seule drachme, le patrimoine de ses ancêtres ; mais il avait affaire à un peuple léger & prévenu ; il réfléchissait sur le danger d'Aspasie, sur la prison de Phidias, & sur l'exil d'Anaxagore ; toutes ces réflexions l'inquiétaient, & il ne procédait qu'avec lenteur dans l'épurement de fes comptes. Un jour qu'Alcibiade, jeune encore, allait le voir dans fon palais, il lui fit dire qu'il lui était impoffible de recevoir fa vifite, à caufe des travaux importans dont il était furchargé. Celui-ci s'informa quels étaient ces travaux, & on lui répondit, avec franchife, qu'il s'agiffait de mettre de l'ordre dans fes comptes. *Si Périclès eft fage, dit en riant Alcibiade, il s'occupera moins à mettre de l'ordre dans fes comptes, qu'à ne les pas rendre.* Le propos fut répété à Périclès, qui adopta le confeil ; & le décret de Dracontide, fans avoir été révoqué, ne fut point mis en exécution.

Le moyen que Périclès employa, pour rendre inutiles les manœuvres de fes ennemis, fut de diriger toute l'attention d'Athènes, vers une ville rivale qui voulait lui difputer l'empire de la Grèce ; fa politique mit, dans tout fon jour, le machiavélifme dont Lacédémone faifait ufage pour dominer, & c'eft ce qui détermina la fameufe guerre du Péloponèfe.

Il faut avouer, au reste, que les Lacédémoniens, sans le savoir, servirent sin-
gulièrement les vues secrettes de Périclès.
Persuadés qu'Athènes serait invincible,
tant qu'elle serait protégée par le génie
tutélaire de ce grand homme, ils engagèrent les partisans qu'ils avaient encore
dans cette ville, à réveiller l'ancienne
malédiction prononcée contre les complices du meurtre de Cylon, espérant
par-là faire bannir Périclès, qui descendait, par sa mère, d'une des maisons
proscrites par la loi civile & religieuse.
Cette atrocité fit un effet tout contraire à
celui qu'en attendait Lacédémone; Athènes ouvrit les yeux, & s'apperçut qu'on
voulait lui ravir, dans la personne de Périclès, le seul appui qui lui resterait dans
une guerre désastreuse; alors elle rendit
sa confiance à un chef, qui n'avait jamais,
peut-être, mérité de la perdre, & de ce
moment, Périclès devint, quoique sans
caractère particulier, aussi absolu qu'un
Empereur Mède ou un Roi de la Perse.

Athènes avait été généreuse ; Périclès le fut aussi ; du moment qu'il apprit qu'Archidame, Général de l'armée du Péloponèse, entrait dans l'Attique, il déclara au peuple, que si l'ennemi, en ravageant le pays, épargnait ses terres, soit à cause du droit d'hospitalité qui l'unissait à la maison royale de Sparte, soit afin de faire naître des soupçons odieux d'intelligence, de ce jour-là, il faisait présent de tout ce qu'il possédait à sa patrie. Ce trait sublime acheva le triomphe de Périclès, & il fut reconduit dans son palais avec des larmes d'attendrissement, bien supérieures aux cris tumultueux d'un peuple effréné, avec lesquels, dans un Empire absolu, on poursuit également les bons Princes & les tyrans.

Ce n'est pas que, dans la suite, Périclès n'eut, de tems en tems, à essuyer la critique des mécontens, car les meilleures administrations, n'ont jamais une approbation générale. Il est bien plus

difficile de trouver un peuple de sages,
qu'un Souverain philosophe; mais comme
les coups ne partaient d'ordinaire que
d'individus dévoués à l'obscurité, Périclès les dédaignait. On le jouait sur
le théâtre d'Athènes, & il riait le premier d'un trait ingénieux de satyre, lancé
contre sa personne. Un jour, pendant
qu'il était dans la place publique, un
jeune audacieux vomit publiquement,
contre lui, mille injures. L'homme d'État,
renfermé dans son phlegme philosophi-
que, ne répondit pas un seul mot, &
continua de donner ses audiences; ce
silence ne fit qu'allumer le sang de l'éner-
gumène, qui ne mit plus de bornes à son
emportement; le soir, il suivit Périclès,
toujours en l'accablant d'outrages; quand
le sage se vit sur le seuil de sa porte, il
se contenta d'appeler un de ses esclaves,
& lui ordonna de reconduire, un flambeau à la main, cet homme dans sa maison : voilà toute la vengeance qu'il tira
d'un délit, qui, dans nos Monarchies

modérées, aurait peut-être conduit un coupable fur l'échaffaut.

Ne nous laffons point d'arrêter nos regards fur ce grand homme, & confacrons quelques lignes à l'hiftoire de cette célèbre Afpafie, qui a eu l'honneur de le gouverner, à celle de ces beaux monumens d'Athènes, dont les ruines immortelles fubfiftent encore, malgré la main lente du tems, & les ravages des barbares; nous n'arriverons que trop-tôt à l'époque défaftreufe de la guerre du Péloponèfe.

Fin du Tome V de l'Hiftoire de la Grèce.

TABLE

DES CHAPITRES.

Fin de la Table.

9 782329 500201